IL GRANDE RESET 2021-2030 ESPOSTO!

Passaporti Vaccinali e Microchip 5G, Mutazioni COVID-19 o la Prossima Pandemia?

Agenda WEF - Ricostruire Meglio - L'accordo Verde Spiegato

Rebel Press Media

Disclaimer

I nostri altri libri

Dai un'occhiata ai nostri altri libri per altre notizie non riportate, fatti esposti e verità sfatate, e altro ancora.

Unisciti all'esclusivo Rebel Press Media Circle!

Riceverai nella tua casella di posta elettronica ogni venerdì un nuovo aggiornamento sulla realtà non raccontata.

Iscriviti qui oggi:

https://campsite.bio/rebelpressmedia

Introduzione

Tutta l'umanità è sottoposta al più grande e pericoloso esperimento scientifico di sempre

In primavera, un possibile legame tra il 5G e il coronavirus è stato liquidato dai media come una teoria di cospirazione. Tuttavia, un team di scienziati italiani, americani e russi ha pubblicato uno studio in cui dimostrano che il 5G trasforma effettivamente le cellule della pelle umana in una grande antenna. Le onde millimetriche elettromagnetiche 5G possono essere trasmesse dalle cellule della pelle ad altre cellule, giocando così un ruolo importante nella produzione del coronavirus.

Il 5G permette di costruire strutture simili ai virus nelle cellule umane

In "5G technology and incorporation of coronavirus into skin cells", gli scienziati sottolineano che il DNA umano è composto da elettroni e atomi carichi, e ha una struttura simile a un induttore. Gli induttori rispondono alle onde elettromagnetiche esterne, e inoltre si muovono e producono alcune onde aggiuntive all'interno delle cellule.

Queste onde sono simili alle basi esagonali e pentagonali della loro fonte DNA. Queste onde producono una serie di buchi nei fluidi all'interno del nucleo (nucleo della cellula). Per riempire questi vuoti, vengono prodotte ulteriori basi esagonali e pentagonali, che possono combinarsi tra loro e formare strutture simili a virus come il coronavirus.

Per produrre questi virus in una cellula, è necessario che la lunghezza d'onda delle onde esterne sia più corta della dimensione della cellula. In questo modo, le onde millimetriche 5G possono essere un buon candidato per costruire strutture simili ai virus come il Covid-19 nelle cellule umane.

Tutta l'umanità sottoposta al più grande esperimento mai fatto

I produttori del 5G dicono che i fasci ad alta frequenza sono troppo deboli per penetrare nel corpo umano, e che non ci sono prove scientifiche concrete di grandi effetti negativi sulla nostra salute.

Tuttavia, le prove scientifiche circostanziali si stanno accumulando, ma non sono (ancora?) accettate, molto probabilmente a causa di grandi interessi commerciali, e presumibilmente anche perché il 5G fa parte di un'agenda ideologica e geopolitica per portare l'intera popolazione mondiale sotto controllo totale.

Con il 5G in combinazione con i vaccini corona sviluppati in fretta, appena testati ma già acquistati, l'intera umanità è senza dubbio esposta al più grande e di gran lunga più pericoloso esperimento scientifico di sempre, e questo con il consenso di quasi tutti i governi. Quindi, anche da questo punto di vista, la nostra società si sta effettivamente trasformando in un grande campo di concentramento.

Cosa costituisce un virus?

Che un virus non è un organismo vivente, ma semplicemente un pacchetto di informazioni DNA/RNA - che quindi sembra effettivamente in grado di essere attivato o influenzato da onde elettromagnetiche esterne.

Il DNA o l'RNA senza una cellula ospite è come un corpo senza cervello. È morto. Non fa e non può fare nulla. Né può sopravvivere. Incapsulato nelle proteine, potrebbe ancora galleggiare da A a B, ma può farlo solo nella completa oscurità. Con una minuscola luce UV, il DNA o l'RNA non c'è più e si rompe".

Tabella dei contenuti

Capitolo 1: Il lancio

I governi vogliono far passare il 5G perché permette ai cittadini di essere tracciati e monitorati 24/7/365

Il numero di scienziati che hanno grandi riserve sull'introduzione del 5G è in costante aumento. L'epidemiologo britannico professor John William Frank dell'Università di Edimburgo chiede che l'introduzione del 5G in tutto il mondo sia sospesa per il momento, fino a quando non sarà confermato e dimostrato in modo indipendente che la tecnologia è sicura e non costituisce un pericolo per la salute Fino ad ora, i governi si sono affidati quasi esclusivamente agli studi delle (o sponsorizzati dalle) grandi aziende Tech, e naturalmente non metteranno mai a rischio i loro profitti miliardari rifiutando i loro stessi prodotti.

Il professor Frank non è contro il 5G, ma pensa che siano state fatte troppe poche ricerche su di esso. Ecco perché sostiene che è meglio peccare di cautela e congelare il lancio dei nuovi sistemi di traffico dati mobile per ora.

Ci sono molte più antenne e molte più radiazioni EMF.

Frank, come molti altri accademici, scrive nel Journal of Epidemiology & Community Health che la minaccia principale del 5G è la massiccia densità di antenne necessaria per queste frequenze estremamente alte. Ogni pochi lampioni, una nuova antenna deve essere collocata, esponendo le persone a ancora più radiazioni elettromagnetiche (EMF). Una commissione federale di specialisti negli Stati Uniti ha riconosciuto il danno alla salute che le reti esistenti come 4G e WiFi possono causare.

Nonostante questo, quasi nessuna ricerca epidemiologica credibile sull'impatto del 5G sulla salute umana è stata intrapresa, secondo il professore. Inoltre, il 5G impiega non solo frequenze considerevolmente più alte, ma anche una tecnologia di supporto completamente nuova per gestire enormi volumi di dati. Perché il 5G funzioni, miliardi di antenne e amplificatori di segnale devono essere messi ogni 100-300 metri intorno al pianeta. I prossimi 3.236 satelliti 5G di Amazon, così come i 12.000-30.000 che Elon Musk prevede di mettere in orbita, copriranno presto aree dove le antenne non sono concepibili.

Un numero crescente di ingegneri, scienziati e medici di tutto il mondo sta esortando i paesi ad aumentare i loro standard di sicurezza RF-EMF, a commissionare più e migliori ricerche, e a fermare ulteriori aumenti dell'esposizione pubblica fino a quando non ci saranno prove più forti che è sicuro.

Il principio di precauzione impone di fermare la diffusione del 5G.

Il professor Frank non è convinto che il 5G e altri campi elettromagnetici siano dannosi per la salute e l'ambiente, nonostante il fatto che l'OMS e una serie di esperti di tecnologia affermino il contrario. Egli ritiene che la diffusione del 5G dovrebbe essere fermata immediatamente a causa del "principio di precauzione". Non si dovrebbero correre rischi inutili quando si tratta di salute umana. Questa premessa dovrebbe essere un motivo sufficiente per "dichiarare un divieto di tale (5G) esposizione, in attesa di un'adeguata indagine scientifica sui presunti rischi per la salute".

Continua a spiegare che non c'è alcuna necessità impellente di lanciare il 5G ad una velocità elevata in termini di salute e sicurezza pubblica. Viene fatto principalmente perché la nuova tecnologia fornirà una spinta significativa all'industria Big Tech. Con l'attuale rete 4G, i consumatori non mancano di connessioni rapide di dati mobili.

I governi vogliono che il 5G sia implementato il prima possibile per avere un controllo globale completo.

Frank trascura di aggiungere che i governi sono investiti nel 5G tanto quanto i colossi della tecnologia e dei media. La Bill & Melinda Gates Foundation e il braccio di sviluppo tecnologico del Pentagono, DARPA, hanno collaborato con l'azienda tecnologica Profusa per sviluppare un biosensore nanotech impiantabile fatto di idrogel (una sostanza simile a una lente a contatto morbida) che può essere iniettato insieme a un vaccino e applicato appena sotto la pelle, dove si fonde effettivamente con il tuo corpo. Tutte le informazioni su se stessi, sul proprio corpo e sulla propria salute possono essere controllate a distanza grazie alla componente nanotecnologica.

Di conseguenza, il 5G abilita un sistema globale di controllo totalitario che le dittature del passato potevano solo sognare. Permetterà che la posizione, i movimenti e le azioni di chiunque - e, in un futuro non troppo lontano, i pensieri e le emozioni - siano tracciati, monitorati e manipolati 24 ore al giorno, sette giorni alla settimana, mentre tutte le informazioni personali, come lo stato delle vaccinazioni e i saldi bancari, saranno immediatamente accessibili. A questo sistema sono collegate innumerevoli telecamere di sorveglianza con riconoscimento facciale e controllo dello stato di credito sociale, così come il sistema Microsoft (con brevetto n. 2020-060606) che converte il proprio corpo in un mezzo di pagamento (e prova di identità/vaccinazione) che è già in fase di test.

Secondo alcuni, è necessaria una distanza di almeno un metro e mezzo perché questo sistema funzioni correttamente, perché i segnali possono essere interrotti se i corpi sono troppo vicini. Non è chiaro se questo sia vero, ma senza distanziamento sociale, le telecamere di sorveglianza (e anche gli smartphone) avranno un tempo molto più difficile di scansione tutte le fronti in una folla affollata in tempo reale per la presenza dell'enzima fluorescente M-Neongreen / Luciferase, il marchio iniettato che in futuro potrebbe servire come prova che sei stato correttamente vaccinato e quindi hanno accesso alla società.

C'è una teoria della cospirazione?

Dato che più scienziati e altri professionisti hanno dichiarato per mesi che 1,5 metri non fa alcuna differenza nella presunta trasmissione di un virus, è passato il tempo che più persone si chiedano perché la "separazione sociale" deve continuare ad essere applicata senza sosta. Sfortunatamente, certe strane teorie di cospirazione, come il fatto che il 5G scatenerebbe il coronavirus, e azioni terribili, come dare fuoco alle torri di trasmissione, hanno inquinato le reali preoccupazioni per il 5G (intenzionalmente?).

I politici, l'industria tecnologica e tutti i media e le riviste mainstream che dipendono l'uno dall'altro in qualsiasi modo sostengono invariabilmente che queste sono tutte "teorie di cospirazione" sfatate, ma quando anche il venerabile Scientific American ha pubblicato un articolo il 17 ottobre 2019, con il titolo "Non abbiamo motivo di credere che il 5G sia sicuro - Contrariamente a quanto dicono alcune persone, ci possono essere rischi per la salute".

Capitolo 2: biosensori nanotecnologici 5G

'Biosensore nanotecnologico impiantabile 5G già nel 2021 nei vaccini Covid-19' L'umanità che si evolve in transumano in futuro è integrata con un sistema di controllo digitale globale.

DARPA, il braccio di sviluppo tecnologico del Pentagono, e la Fondazione Bill e Melinda Gates stanno lavorando con Profusa per sviluppare un biosensore nanotech impiantato costruito in idrogel (sostanza simile a una lente a contatto morbida). Questo biosensore, che ha le dimensioni di un chicco di riso, viene iniettato con un vaccino e posizionato appena sotto la pelle, dove si fonde con il corpo. Attraverso il 5G, la componente nanotecnologica permette il monitoraggio a distanza di tutte le informazioni su se stessi, sul proprio corpo e sulla propria salute.

È probabile che la FDA approvi il biosensore, che può anche ricevere informazioni e comandi, all'inizio del 2021, giusto in tempo per la prevista campagna globale del vaccino Covid-19.

A marzo, DefenseOne ha riferito di un biosensore hydrogel che è "inserito sotto la pelle con un ago ipodermico". Contiene, tra le altre cose, una molecola specificamente ingegnerizzata che emette un segnale fluorescente una volta che il corpo inizia a combattere un'infezione. Questo segnale viene rilevato dal componente elettronico attaccato alla (/nella) pelle, che successivamente trasmette un avviso a un medico, un sito web o un'agenzia governativa. È fondamentalmente un laboratorio di sangue basato sulla pelle che può rilevare la risposta del corpo alla malattia anche prima che appaiano altri segni come la tosse".

Tutti i processi fisiologici sono monitorati da biosensori e trasmessi su 5G.

Il biosensore non sarà percepito come un intruso dal corpo e attaccato come risultato del suo uso di idrogel, ma invece si integrerà con esso. Il sensore può anche tracciare i vostri livelli ormonali, la frequenza cardiaca, la respirazione, la temperatura corporea, la vita sessuale, le emozioni e qualsiasi altra cosa, secondo il produttore. Tutti questi dati saranno presto consegnati ad ogni autorità medica e governativa via 5G.

Profusa sta ora lavorando ad uno studio con l'Imperial College, che è stato reso famoso dalle sue ridicole previsioni di sventura su Covid-19, che sono state rapidamente dimostrate essere completamente false. Le chiusure, l'isolamento sociale e il relativo parziale collasso dell'economia, così come la rimozione di molte libertà civili, erano tutte fondate su queste.

L'essere umano transumano è integrato con il sistema di controllo digitale globale

Il biosensore, che potrebbe quindi essere incorporato nei vaccini Covid-19 già nel 2021, si avvicina molto alla realizzazione dell'aspirazione di un umano transumano, in cui tutti sono totalmente controllabili e persino governabili. Il "nuovo umano", o l'umano 2.0 come immaginato dall'élite tecnologica intorno a Bill Gates e Elon Musk, sarà gradualmente trasformato in una sorta di cyborg da qui al 2025-2030, e diventerà parte integrante - e quindi irreversibile - di un sistema di controllo digitale globale, in cui le libertà personali saranno completamente scomparse, e anche il libero arbitrio umano sarà stato tolto.

Capitolo 3: Proteste per i passaporti dei vaccini

Più di 70 parlamentari si mobilitano contro questa "trappola atroce

In una lettera aperta al primo ministro Boris Johnson, più di 1.200 leader cristiani britannici gli hanno chiesto di non adottare i passaporti per i test e le vaccinazioni.

In effetti, la etichettano come "la proposta più pericolosa in assoluto" poiché equivale a "una forma non etica di pressione" per costringere la gente a farsi testare o vaccinare da Covid-19.

Varie denominazioni, tra cui anglicana e cattolica, hanno dei leader nella chiesa. Essi credono che i test e i passaporti vaccinali siano il precursore di uno "stato di sorveglianza", uno stato di controllo totalitario, e che metteranno fine a ciò che resta della democrazia liberale.

Il governo di Londra sostiene che non è stata presa alcuna decisione definitiva, ma tutti gli indicatori indicano che questi passaporti per i test/vaccinazioni arriveranno presto, proprio come hanno fatto in Europa.

Inizialmente saranno commercializzati come un passaporto per una maggiore "libertà" (ristorazione, eventi, shopping, ecc.), ma man mano che diventeranno più diffusi, gli standard diventeranno sempre più severi, finendo per eliminare completamente dalla società le persone non testate e non vaccinate.

"Apartheid medica" è un termine usato per descrivere un sistema di discriminazione medica.

Secondo i leader della chiesa, tali passaporti risultano in "apartheid medica... Stabilisce uno stato di sorveglianza in cui il governo controlla alcune parti della vita dei cittadini attraverso la tecnologia. Nel corso di pochi anni, quel "certo" minaccia di essere esteso a TUTTI i settori.

Questa è una delle idee politiche più pericolose mai fatte nella storia della politica britannica", avvertono i leader della chiesa, che sottolineano che non negheranno mai a coloro che non hanno un tale passaporto l'accesso alle loro chiese, indipendentemente dalla decisione del governo.

'Discriminazione' e 'orribile trappola' sono due parole che mi vengono in mente.

Più di 70 legislatori britannici hanno protestato apertamente contro il previsto test/passaporto di vaccinazione all'inizio di questo mese. Essi sostengono che avere bisogno di mostrare tale prova per entrare in un pub, per esempio, è discriminatorio. Inoltre crea ulteriori divisioni sociali. (In ogni caso, l'intero approccio dell'Occidente è basato sul "divide et impera").

Il deputato conservatore Steve Baker ha persino definito questi passaporti "una brutta trappola". Il leader laburista Sir Keir Starmer ha espresso "grande allarme" per questa incombente nuova forma di discriminazione.

Capitolo 4: Tamponi assassini?

Basse concentrazioni di proteine spike hanno già cambiato il sistema respiratorio e immunologico delle persone vaccinate - Le indicazioni che le persone vaccinate possono essere un pericolo per gli individui non vaccinati stanno diventando più forti -.

Un governo che si preoccupa della vostra salute sospenderebbe subito le vaccinazioni.

Le critiche ai vaccini Covid-19 si gonfiano anche dalla scienza attiva consolidata.

Il Dr. Lee Makowski, presidente del dipartimento di bioingegneria alla Northeastern University, avverte nella rivista Viruses che c'è una crescente evidenza che la proteina spike, che è prodotta dal corpo umano all'istruzione di TUTTI i vaccini corona, può causare gravi danni alla salute e persino la morte.

I politici, i media e le agenzie come il CDC e la WHF sostengono che la proteina spike è "innocua", e i vaccini Covid che fanno produrre al corpo questa proteina sono "sicuri".

Tuttavia, un numero crescente di scienziati attivi e affermati stanno vedendo sempre più prove che è vero proprio il contrario.

Danni, infezioni gravi e morte da questi vaccini?

Il titolo dell'articolo del Dr. Makowski nella rivista Viruses dice tutto:

'I vaccini Covid progettati per creare immunità alla proteina spike causano invece danni, infezioni gravi e morte?

I ricercatori hanno scoperto che anche a basse concentrazioni, la proteina spike induce cambiamenti genetici nel tratto respiratorio, e influenza direttamente la risposta del sistema immunitario all'infiammazione e ai virus. Infatti, secondo il dottor Makowski, sembra che solo la proteina spike sia responsabile degli ormai famigerati coaguli di sangue, piuttosto che il (presunto) virus SARS-CoV-2 stesso.

Se questo è confermato da più scienziati, allora i vaccini Covid-19 - che indipendentemente dalla loro modalità d'azione (mRNA, adenovirus/vettore virale, DNA) codificano tutti per la proteina spike - sono ancora più pericolosi per la salute umana che gli scienziati critici hanno già sospettato dall'anno scorso.

I vaccinati stanno diventando punti caldi di infezione ambulanti?

Inoltre, sta diventando plausibile che il dottor Lee Merritt possa avere ragione, e che la proteina spike prodotta nelle persone vaccinate sia trasmissibile agli altri. In altre parole, le persone vaccinate diventano fabbriche ambulanti di spike, e quindi potrebbero anche infettare le persone non vaccinate con una malattia autoimmune dannosa e potenzialmente mortale.

Gli scienziati dello Sloan Kettering Institute lanciano un altro avvertimento altrettanto terribile: l'mRNA nei vaccini può causare la soppressione delle proteine che impediscono lo sviluppo del cancro. Così, i vaccini Covid aumentano il rischio di ammalarsi di cancro.

Il dottor Whelan dell'UCLA ha avvertito la FDA di gravi danni alla salute

Nel dicembre 2020, il dottor J. Patrick Whelan dell'UCLA ha avvertito la FDA degli Stati Uniti che la "proteina virale spike che è l'obiettivo degli importanti vaccini Covid è anche una delle principali sostanze che causano danni a organi più distanti, forse compreso il cuore, i polmoni e i reni".

La dottoressa Whelan ha spiegato che non è il virus, ma la proteina spike che è responsabile del fatto che alcune persone hanno difficoltà a riprendersi dal Covid-19, e spesso continuano ad avere problemi di salute a lungo termine, compresi problemi cardiaci.

Questo perché la proteina spike si lega ai recettori ACE-2 nel cuore, e anche nel cervello e in altri organi come il fegato e i reni. Questo può danneggiare anche i più piccoli vasi sanguigni.

Whelan ha quindi chiarito alla FDA che la proteina spike "nei" vaccini causa gravi problemi di salute.

Patologi e dentisti indicano anche la proteina spike come colpevole

Il dottor Richard Vander Heide, professore di patologia alla Louisiana State University, ha eseguito delle autopsie sulle morti di Covid-19 ed è arrivato alla stessa conclusione: i coaguli di sangue, di cui alcuni dei deceduti sono pieni, sono causati dalla proteina spike.

Le persone in sovrappeso sono particolarmente a rischio, perché spesso soffrono di infiammazione cronica.

Anche i dentisti stanno lanciando l'allarme. Vedono pazienti precedentemente sani che ora si infiammano le gengive, e pensano che la proteina spike sia il colpevole.

La Pfizer sta facendo esperimenti anche su bambini, neonati e bambini piccoli

Un medico californiano di 40 anni che si occupa di medicina della gravidanza ha descritto la prima dose del vaccino Pfizer in una paziente come "un'uccisione del feto", causando l'aborto spontaneo della donna sei giorni dopo.

Nel frattempo, il produttore di vaccini Pfizer continua a dimostrare che non ha più limiti etici.

Anche i bambini vengono ora usati come cavie per i loro "vaccini" sperimentali di terapia genica. Un bambino di due anni è già morto per questo.

Si sa da anni che l'mRNA può essere inalato

È noto da anni che l'mRNA può essere esalato e inalato, e in questo modo può servire come un vaccino passivo. 'Questo significa che la proteina Covid spike, che è prodotta dal corpo umano dopo essere stato vaccinato, può sfuggire attraverso il respiro e infettare le persone non vaccinate?' si chiede il dottor Mark Sircus, professore di oncologia naturale.

E' terribile pensare che i pazzi che hanno creato il virus con esperimenti di 'guadagno di funzione' vadano a braccetto con simili pazzi dell'industria farmaceutica che stanno usando il loro vaccino per diffondere ancora di più le proteine spike nella popolazione umana".

Un governo che ha a cuore la vostra salute smetterebbe di vaccinare immediatamente

Mi sembra ovvio che qualsiasi governo che abbia veramente a cuore la salute della gente dichiarerebbe una moratoria su tutte le vaccinazioni Covid in questo momento, almeno finché non siano state fatte più ricerche in tutto il mondo, prima che questi vaccini finiscano davvero in un massacro mortale come non si è mai visto al mondo.

Tuttavia, è vero il contrario. Il governo europeo sta lavorando a una serie di emendamenti (costituzionali) che dovrebbero rendere permanente la sottrazione della nostra libertà e del nostro diritto all'autodeterminazione, oltre ad aprire la strada alle vaccinazioni obbligatorie.

Se si dovesse arrivare a questo, allora probabilmente possiamo solo concludere che il nostro governo si è dichiarato il più grande nemico della salute pubblica, e sta consapevolmente aiutando a realizzare un potenziale genocidio. Possiamo solo sperare che ci siano abbastanza politici e parlamentari a Bruxelles che ascoltino (di nuovo) la loro coscienza. Un certo numero di politici sembra aver perso definitivamente la capacità di farlo.

Capitolo 5: Protesta = Terrorismo?

Nessuno vuole sentirlo, nessuno è autorizzato a dirlo, ma tutti sanno dove potrebbe andare a finire.

Mentre l'Europa procede a tutto vapore verso l'attuazione della discriminazione ufficiale dividendo la società in "buoni" (testati/vaccinati) e "cattivi" (non testati/non vaccinati), la prima palla viene lanciata negli Stati Uniti per quello che è l'obiettivo finale di cose come i passaporti per i vaccini: la rimozione completa delle persone "cattive" dalla società. La nota rivista Nature ha pubblicato un appello all'ONU e a tutti i governi affinché prendano misure dure come la roccia per fermare "l'aggressione anti-vax". Ecco come tu, come persona non vaccinata, sarai presto visto e trattato: come un terrorista.

Il fascismo di maniaci assassini come Hitler e Stalin sta facendo un pieno ritorno. Il pediatra texano Peter Hotez è diventato un idolo della corona così estremo che mette le persone che sono critiche nei confronti delle vaccinazioni alla pari con i criminali informatici e il terrorismo nucleare. Usando un vero e proprio linguaggio di guerra, chiede una "controffensiva" da parte dei governi per attaccare e mettere a tacere chiunque si opponga alle vaccinazioni.

Controffensiva contro le nuove forze distruttive

Fermare la diffusione del coronavirus richiede una controffensiva di alto livello contro nuove forze distruttive", scrive Hotez. Gli sforzi devono estendersi alle aree della sicurezza informatica, dell'applicazione della legge, dell'educazione pubblica e delle relazioni internazionali". Una task force inter-agenzie di alto livello che riferisca al segretario generale delle Nazioni Unite potrebbe fare il punto sull'impatto globale dell'aggressione anti-vaccino e proporre misure dure ed equilibrate".

Questa task force dovrebbe includere esperti che hanno affrontato minacce globali complesse come il terrorismo, gli attacchi cibernetici e l'armamento nucleare. In effetti, l'anti-scienza si sta avvicinando a un livello simile di minaccia. È sempre più chiaro che è necessaria una controffensiva per promuovere le vaccinazioni".

Polizia e militari contro gli oppositori dei vaccini

Hotez parla di "attacchi mirati agli scienziati" presumibilmente commessi dagli anti-vaxxer, ma non cita un solo esempio concreto. Per fermare questa "aggressione" fittizia, sostiene letteralmente attacchi mirati (armati) contro gli anti-vaxxers. In effetti, vuole che il governo usi la polizia e l'esercito per affrontare i critici e i rifiutatori di vaccini - in realtà persone che rifiutano di prendere parte a questi esperimenti di manipolazione genetica, che, secondo le statistiche ufficiali dell'UE, hanno già fatto un numero enorme di vittime.

Con questo appello oltraggioso, Nature, che era già completamente al soldo della mafia internazionale dei vaccini, che ora sta portando avanti un mostruoso esperimento genocida su tutta l'umanità con l'aiuto di quasi tutti i governi, ha perso una volta per tutte la sua credibilità.

La violenza grossolana contro le persone "sbagliate" è considerata di nuovo ok

La violenza grossolana contro uomini, donne e bambini innocenti è evidentemente considerata di nuovo ok. Abbiamo messo in guardia per anni contro il ritorno e persino il superamento degli anni '30 e '40, e ora sta accadendo. Se questo non viene fermato, se la gente non si solleva in massa contro questo potenziale peggior crimine contro l'umanità di sempre, finirà irrimediabilmente come negli anni '40, cioè con "strutture" dove le persone "sbagliate" indesiderate vengono rinchiuse e messe al sicuro in modo che il resto della società possa tornare a comportarsi "in sicurezza".

O in altre parole: con i campi di concentramento.

Finché la gente continua a negare che una ripetizione di questa storia orribile sia possibile, finché la gente si rifiuta di affrontare i paralleli agghiaccianti con la

Germania nazista, le forze globaliste della vaccinazione
possono continuare senza ostacoli.

I russi l'hanno fatto di nuovo

E 'naturalmente' anche secondo Hotez 'i russi' sono
dietro tutta la 'disinformazione sui vaccini'. Poi
dimentichiamo per un momento che la Russia è stata
una delle prime a sviluppare un vaccino e a cominciare a
somministrarlo alla sua popolazione.

Non importa, perché dall'anno scorso anche i media
occidentali hanno definitivamente gettato via il loro
ultimo brandello di finta indipendenza e obiettività, e
sono persino orgogliosi di funzionare come organi di
propaganda dell'establishment occidentale e del culto
globalista del clima-vaccino. A proposito, sono anni che
scriviamo che "i russi" saranno incolpati di quasi tutto, e
questo ha lo scopo di farvi acconsentire - o addirittura
invocare - la prevista terza guerra mondiale contro la
Russia, e molto probabilmente anche contro la Cina.

L'umanità governata da mostri senza scrupoli

Mostri senza scrupoli sono alla guida dell'umanità che,
attraverso l'obbedienza cieca e la docilità
incondizionata, si sta trasformando essa stessa, passo
dopo passo, in un mostro altrettanto senza scrupoli.
Non è ancora troppo tardi, ma resta poco tempo per
fermare i test obbligatori e i passaporti vaccinali, seguiti
da test e vaccinazioni obbligatorie, e poi l'incarcerazione

e l'eventuale rimozione dei non vaccinati "sbagliati" -
agli occhi di Hotez i nuovi "terroristi".

29

Capitolo 6: Soppressione del sistema immunitario

Covid-19 è "principalmente una malattia vascolare", secondo i ricercatori - Circulation Research: Il danno ai polmoni è aiutato dalla proteina spike - Il tuo sistema immunitario sta lavorando contro di te per proteggerti dal vaccino.

In una pubblicazione scientifica, i ricercatori del famoso Salk Institute, fondato dal pioniere dei vaccini Jonas Salk, ammettono indirettamente che le vaccinazioni Covid inducono coaguli di sangue pericolosi per la vita e danni sia ai vasi sanguigni che al sistema immunitario.

Abbiamo notato all'inizio di questa settimana che un numero crescente di noti scienziati sta arrivando all'opinione che i vaccini sono il più grande pericolo per la salute umana.

Migliaia di europei e americani hanno già pagato con la loro vita, e centinaia di migliaia con la loro salute, la loro partecipazione "volontaria" al più grande esperimento "medico" della storia.

In Occidente, tutte le vaccinazioni Covid programmano il corpo umano per creare la proteina spike, l'elemento più letale del presunto virus SARS-CoV-2, con l'obiettivo di proteggere gli esseri umani dalle conseguenze dannose della proteina spike.

In poche parole, facciamo produrre al tuo corpo qualcosa di dannoso per fargli generare anticorpi contro quello stesso pericolo, ma non abbiamo idea di come o se questo processo sarà mai fermato.

Allora perché non correre il "rischio" di prendere il virus, che ha dimostrato di non far ammalare il 99,7% della popolazione, se non del tutto? No, nel 2021, quella linea di ragionamento razionale e storicamente non controversa è improvvisamente così antiquata. Non possiamo più contare sul nostro sistema immunitario naturale e dobbiamo invece affidarci a ciò che viene somministrato attraverso una siringa.

Il Covid-19 è soprattutto una malattia vascolare", dice il ricercatore.

L'industria della vaccinazione, i politici e i media continuano ad insistere che la proteina spike è sicura, ma il Salk Institute ha ora stabilito che non è così. Al contrario, i ricercatori del Salk e altri colleghi scientifici avvertono nella pubblicazione "The spike protein of the new coronavirus plays an extra crucial role in disease" che la proteina spike danneggia le cellule, "confermando che il Covid-19 è in gran parte una malattia vascolare".

Un'altra proteina spike che ha provocato tante vittime?

Naturalmente, agli scienziati di Salk è vietato criticare direttamente i vaccini. Ecco perché, secondo il loro articolo, la proteina spike prodotta dai vaccini si comporta in modo molto diverso dalla proteina spike prodotta dal presunto virus.

Per cominciare, questo contraddice tutte le affermazioni dei produttori di vaccini che i loro vaccini creano la stessa proteina spike. In secondo luogo, mette in dubbio l'efficacia dei vaccini, perché se la proteina spike prodotta dai vaccini differisce significativamente da quella prodotta dal virus, che senso ha la vaccinazione (supponendo, per il momento, che questi "vaccini" geneticamente progettati funzionino)?

Sul lato positivo, anche gli scienziati pro-vaccino ora accettano che la proteina spike è da biasimare per un gran numero di morti e persone che soffrono di gravi effetti collaterali e danni alla salute a lungo termine, spesso permanenti. In altre parole, è un'ammissione implicita che le vaccinazioni Covid-19 sono potenzialmente fatali.

La proteina Spike causa lesioni polmonari, secondo una ricerca pubblicata su Circulation Research.

"La proteina spike SARS-Cov-2 compromette la funzione endoteliale inibendo l'ACE-2", secondo uno studio scientifico pubblicato su Circulation Research. L'interno del cuore e dei vasi sanguigni sono rivestiti da cellule endoteliali. Diminuendo i recettori ACE-2, la proteina spike "promuove le lesioni polmonari". Le cellule endoteliali nelle arterie del sangue sono danneggiate, e il metabolismo è interrotto come risultato.

Gli autori di questo studio erano anche a favore della vaccinazione, sostenendo che "gli anticorpi generati dal vaccino" possono proteggere il corpo dalla proteina spike. Essenzialmente, la proteina spike può causare danni significativi alle cellule vascolari, e il sistema immunitario può contrastare questo danno combattendo la proteina spike.

Il sistema immunitario sta cercando di proteggerti CONTRO il vaccino

In altre parole, il sistema immunitario umano si sforza di difendere il paziente dagli effetti negativi del vaccino e dalle contro-reazioni per evitare che il paziente muoia. Chiunque sopravvviva al vaccino Covid lo deve alla protezione del proprio sistema immunitario CONTRO il vaccino, non alla vaccinazione stessa.

La vaccinazione è l'arma", conclude Mike 'Natural News' Adams. Il tuo sistema immunitario ti protegge. Tutte le vaccinazioni Covid dovrebbero essere ritirate dal mercato immediatamente e rivalutate per gli effetti negativi a lungo termine basati solo su questa ricerca".

Secondo le statistiche ufficiali VAERS, il numero di morti legate ai vaccini negli Stati Uniti nel 2021 sarà quasi il

4000 per cento in più del numero totale di morti legate ai vaccini nel 2020.

Il santo vaccino non è da biasimare per un attacco di cuore o un'emorragia cerebrale.

Il seguente meccanismo è stato provato scientificamente ed è ormai accertato: le vaccinazioni Covid-19 incoraggiano il tuo corpo a produrre la proteina spike, che può causare danni vascolari e coaguli di sangue, che possono muoversi in tutto il corpo e finire in vari organi (cuore, polmoni, cervello, ecc.). Le persone che muoiono a causa di questo vengono definite "infarto", "coagulo di sangue" o "emorragia cerebrale" - i sacrosanti vaccini non possono e non devono mai essere incolpati, non importa quante prove ci siano oggi che dimostrano che sono le cause principali.

I vaccinati sembrano offrire un rischio ai non vaccinati, oltre alla possibilità di danni permanenti o mortali alla propria salute. Molti dei "wappies" della corona che hanno recentemente fatto le loro iniezioni sono stati trasformati in "fabbriche di punte" ambulanti, e possono ora esalare queste proteine di punte. Possono così infettare gli altri attraverso questo processo di 'spargimento'.

I vaccini per le armi biologiche sono stati creati dall'amministrazione dell'apartheid contro la popolazione nera.

I vaccini sono stati a lungo usati come armi biologiche contro il pubblico. Il governo dell'Apartheid del Sudafrica ha creato la tecnologia alla base di tale vaccinazione "auto-replicante". Gli scienziati stavano sviluppando vaccini "razziali" all'epoca, con l'obiettivo di sradicare gran parte della popolazione nera.

Quest'anno, la Johns Hopkins Bloomberg School of Public Health ha proposto di utilizzare un vaccino auto-replicante per "vaccinare" automaticamente l'intera popolazione mondiale. Droni e robot AI verrebbero successivamente utilizzati per far rispettare e monitorare il programma.

Le persone che sono ancora desiderose di iscriversi in un vicolo di vaccini per essere modificati geneticamente per generare una proteina picco potenzialmente pericolosa per la vita sembrano essere state completamente fuorviate dai media mainstream e dai politici di sistema. Sono stati insensibili a tutti gli avvertimenti e alle montagne di prove, e non possono credere che il mondo sia governato da mostri senza scrupoli che non si fanno scrupoli a commettere il potenzialmente più grande genocidio della storia umana.

Capitolo 7: Passaporti e chip

Un'intervista del 2016 con l'alto dirigente del WEF Klaus Schwab, in cui prevede che "entro 10 anni" sarà adottata una tessera sanitaria globale obbligatoria, e tutti avranno microchip impiantati, si aggiunge alla prova che il numero Covid-19 è stato preparato con cura.

Si dice che Schwab stesse lavorando ad un piano almeno cinque anni fa per creare un'enorme epidemia di virus e sfruttarla per stabilire passaporti sanitari e collegarli a test e vaccinazioni obbligatorie, tutto secondo l'approccio problema-reazione-soluzione. L'obiettivo è quello di avere il controllo completo su tutta la popolazione umana del pianeta.

Entro 10 anni, avremo microchip impiantati", ha detto Schwab cinque anni fa.

Nel 2016, un intervistatore francofono gli ha chiesto: "Stiamo parlando di chip impiantabili?" "Quando succederà?

Assolutamente nei prossimi dieci anni", ha detto Schwab. Cominceremo mettendoli nei nostri vestiti". Possiamo poi immaginare di impiantarli nel nostro cervello o nella nostra pelle". Il caposquadra del WEF ha poi commentato la sua visione dell'uomo e della macchina che si "fondono".

In futuro, potremmo essere in grado di comunicare direttamente tra il nostro cervello e il mondo digitale. Osserviamo una fusione del mondo fisico, digitale e biologico". Le persone dovranno semplicemente pensare a qualcuno in futuro per essere in grado di raggiungerlo direttamente attraverso la 'nuvola'.

Non ci saranno più persone biologiche con DNA naturale nel mondo transumanista, che finalmente diventerà completamente "digitale". La "nuvola" sarà utilizzata per memorizzare i dati di tutti.

L'umanità ha cominciato ad essere riprogrammata geneticamente.

L'attuale ordine economico sarà distrutto dal 'Grande Reset' ('Build Back Better') di Schwab. Il crollo finanziario incombente sarà sfruttato per lanciare un nuovo sistema globale basato solo su denaro e transazioni digitali. Questo nuovo sistema sarà collegato al mondo intero grazie alla tecnologia 5G. I rifiutanti saranno esclusi dalla "compravendita", in altre parole dalla vita sociale.

Alla fine degli anni 2020, i "vaccini" di mRNA Covid-19 hanno iniziato a programmare e manipolare geneticamente l'umanità per renderla "adatta" ad essere prima collegata, poi integrata, con questo sistema digitale globale, che, come sapete, credo sia il regno biblico della "Bestia".

Questi vaccini che alterano i geni hanno il potenziale di eliminare il vostro libero arbitrio e la capacità di pensare da soli, così come il vostro desiderio e la capacità di connettervi con il regno spirituale.

Prospettiva cristiana: l'umanità è tagliata fuori da Dio

Da una prospettiva cristiana, la riprogrammazione del DNA umano attraverso questi vaccini può essere vista come il tentativo finale di Satana di separare permanentemente l'umanità da Dio. Questa sembra essere la vera spiegazione dell'avvertimento del libro profetico dell'Apocalisse che gli individui che portano questo "marchio" periranno.

Questo non è semplicemente a causa di un chip e di una successione di pungiglioni; è a causa di ciò che quei pungiglioni faranno a e in voi. Di conseguenza, Dio non sarà in grado di salvare coloro le cui menti (libero arbitrio) sono state riprogrammate all'obbedienza totale ("adorazione"). Questo richiederà il Suo intervento, perché altrimenti l'umanità intera sarà persa per sempre.

I falsi insegnamenti hanno accecato una gran parte del cristianesimo.

L'aspetto essenziale di questo subdolo complotto, che è stato in lavorazione per molto tempo, era l'infiltrazione del cristianesimo con una serie di falsi insegnamenti, con l'obiettivo di mantenere i credenti ciechi fino alla fine dei tempi in preparazione dell'avvento e dell'instaurazione del dominio della Bestia.

Infatti, da decine a centinaia di milioni di cristiani, soprattutto in Occidente, credono che non dovranno mai vivere questo periodo. Anche ora, quando l'attuazione di questo sistema è iniziata, la maggioranza delle persone si rifiuta di accettarlo. Con le loro opinioni pro-vaccinazione, la maggior parte dei partiti e delle chiese cristiane stanno apertamente cooperando in questo "Grande Reset" verso il dominio della "Bestia". In termini teologici, il Vaticano è il motore più potente e convinto di questo.

"Ma siamo stati ingannati!" non è una scusa.

Forse un parallelo biblico può aiutare alcune persone a capire? Genesi 3, il racconto della creazione e della 'caduta', come ci viene raccontato oggi: Il serpente persuase Adamo ed Eva che non era permesso loro di 'mangiare' la 'mela', in questo caso il segno, cioè di non farsi pungere (test di radice di 'segno': charagma = graffiare/qualcosa con un ago = pungere), ma il serpente li convinse che questo segno non li avrebbe dannati, ma piuttosto li avrebbe fatti diventare 'dei'. Dopo essere stati persuasi da questa falsità, le loro lamentele contro Dio ('ma ci hanno mentito!') furono inutili, e morirono lentamente e dolorosamente. Potevano e dovevano sapere, quindi non avevano alcuna giustificazione.

Accettare "il segno", secondo la Bibbia, comporta una conseguenza ancora peggiore: la morte eterna. Permettersi di essere modificati geneticamente con vaccinazioni mRNA e poi integrati in una rete digitale globale, rinunciando così ad ogni controllo sul proprio corpo e sul libero arbitrio, starà ad ogni individuo decidere se il pericolo vale la pena.

Capitolo 8: Niente più libertà

La Federal Occupational Safety and Health Administration (OSHA) degli Stati Uniti sta avvertendo i datori di lavoro che saranno ritenuti responsabili per qualsiasi danno alla salute dei loro dipendenti se si richiede loro di essere vaccinati contro il Covid-19. Questo potrebbe diventare una questione delicata anche in Europa, dato che il governo ha respinto in anticipo ogni responsabilità governativa e l'ha messa sul piatto degli operatori sanitari. Se alla fine nessuna agenzia vuole assumersi la responsabilità, allora in vista dei diritti umani queste vaccinazioni non possono essere direttamente o indirettamente rese una condizione per ottenere o avere un lavoro, o l'accesso a edifici ed eventi, come è ora l'intenzione.

Se un lavoratore americano è costretto ad essere iniettato con queste terapie geniche mRNA sperimentali confezionate come "vaccini" e successivamente rimane cieco o paralizzato, o addirittura muore, questo infortunio sarà considerato "legato al lavoro", il che renderà il suo datore di lavoro responsabile. Le linee guida affermano anche che i datori di lavoro sono tenuti a registrare gli effetti collaterali (gravi) e le reazioni avverse dopo le vaccinazioni Covid nei loro dipendenti.

La nuova direttiva dell'OSHA è stata pubblicata il 20 aprile, ed è stata una risposta alle aziende e alle istituzioni che hanno annunciato che tutti i loro dipendenti dovranno essere vaccinati, come la rete dell'ospedale Methodist di Houston. Coloro che si rifiutano saranno prima sospesi e poi licenziati.

I vaccini hanno solo l'autorizzazione di emergenza

Si prevede che questa organizzazione ospedaliera e molti altri datori di lavoro saranno citati in giudizio se seguiranno questi piani e i loro dipendenti si ammaleranno o moriranno. Secondo il sistema di registrazione VAERS, quasi 200.000 americani hanno già subito danni alla salute dai vaccini Covid-19, e quasi 4.000 sono morti. Quasi 20.000 sono stati gravemente danneggiati (a lungo termine o permanente) (malattie autoimmuni, paralisi, cecità, la malattia muscolare ALS, Creutzfeld-Jakob, Alzheimer, ecc).

America's Frontline Doctors (AFLDS) avverte che i vaccini - come in Europa - hanno solo una licenza di emergenza temporanea, e solo per questo non possono essere imposti a nessuno. 'L'autorizzazione d'emergenza della Food & Drug Administration statunitense afferma specificamente che gli individui dovrebbero avere la libera scelta di accettare o rifiutare questi vaccini', spiega LifeSiteNews. 'Molti sottolineano che qualsiasi licenziamento per aver rifiutato i vaccini mina assolutamente la vostra necessaria libertà'.

Tuttavia, la Corte europea dei diritti umani ha recentemente stabilito che le vaccinazioni obbligatorie sono legali. Eppure, anche nei Paesi Bassi, nessun lavoratore dovrebbe accettare automaticamente che il

suo capo richieda una vaccinazione Covid-19 come
condizione per mantenere il posto di lavoro, o
continuare a fare il lavoro per cui si è stati assunti.

Capitolo 9: Nessuna assistenza sanitaria

Alcuni medici sono così indottrinati e terrorizzati che danno la colpa ai malati stessi: "Il mio datore di lavoro mi ha fatto molta pressione perché fossi vaccinato".

The Highwire, il programma americano di salute su Internet in più rapida crescita che ha già più di 75 milioni di spettatori, ha recentemente focalizzato l'attenzione su una tendenza preoccupante negli Stati Uniti che potrebbe verificarsi anche in altri paesi occidentali. Infatti, sempre più medici si rifiutano di curare le persone che soffrono di gravi effetti collaterali e reazioni avverse dopo la vaccinazione con un vaccino Covid-19. La ragione è ovvia: l'establishment politico e farmaceutico ha effettivamente canonizzato questi vaccini geneticamente manipolati. Se la gente si ammala molto o addirittura muore a causa di essi - negli Stati Uniti nel 2021 ci saranno già il 4000% in più di vittime dei vaccini che in tutto il 2020 per tutte le altre vaccinazioni messe insieme - allora le istruzioni sono che non può e non deve essere colpa del vaccino. I medici che tuttavia osservano questo devono temere per il loro lavoro e la loro carriera.

Alcuni medici sono così indottrinati che danno la colpa ai malati stessi. Chiamano le persone che soffrono di gravi effetti collaterali dopo la vaccinazione pazienti con un 'disturbo di conversione', temendo di mettere nella loro cartella che il vaccino è la probabile causa. (O, in altre parole, 'torna a casa, signorina, perché è tra le tue orecchie').

Il 4 gennaio, sono stata messa sotto pressione dal mio datore di lavoro per farmi vaccinare", ha raccontato Shawn Skelton. Dopo aver ottemperato, ha subito sperimentato effetti collaterali come lievi sintomi simili all'influenza. 'Ma alla fine della giornata, le gambe mi facevano così male che non ce la facevo più. Quando mi sono svegliata il giorno dopo, la mia lingua aveva delle contrazioni, e poi è andata sempre peggio. Il giorno dopo ho avuto convulsioni in tutto il corpo. Questo è durato 13 giorni".

'Troppa paura di curarci', dicono.

Un medico mi ha detto che la diagnosi era: 'Non so cosa c'è di sbagliato in te, quindi ti incolpiamo'", ha detto un altro. Skelton ha elaborato. I medici semplicemente non sanno come affrontare gli effetti negativi del vaccino mRNA. Credo anche che ne siano terrorizzati. Sono senza parole sul perché nessun medico vuole aiutarci".

Altri due operatori sanitari, Angelia Desselle e Kristi Simmonds hanno avuto esperienze simili. Anche loro hanno sofferto di convulsioni, e anche i loro medici si sono rifiutati di curarle. Un neurologo ha rifiutato il rinvio via e-mail di Desselle. Era uno specialista in disturbi del movimento, cosa di cui pensavo di aver bisogno. Il mio medico di base ha detto che sembrava che avessi un Parkinson avanzato. Ma mi ha risposto via e-mail che aveva compiti molto complessi e non poteva vedermi in quel momento".

Poiché anche altri medici le hanno tenuto la porta chiusa, è andata da un neurologo senza dire che era stata vaccinata contro il Covid-19. Non volevo essere mandata via di nuovo. Ma è nella mia cartella clinica, così quando l'ha guardata ha detto 'così hai preso il vaccino? E io ho detto 'sì, ma non volevo darle questa informazione perché ho bisogno di aiuto'. Ora sta finalmente ricevendo un trattamento per i suoi attacchi di emicrania.
In Europa, i medici generici e gli specialisti sono soggetti a regolamenti rigorosi.

Non sappiamo se anche i medici generici in Europa si rifiutano di curare i pazienti vaccinati che si ammalano. Tuttavia, è loro vietato prescrivere farmaci di provata efficacia e sicurezza a pazienti (sospetti) affetti da corona, come l'idrossiclorochina e l'Ivermectina. Niente dovrebbe minacciare il "santo" programma di vaccinazione di massa - recupero: programma di ingegneria genetica, dopo tutto.

In Europa, i medici generici e gli specialisti sono soggetti a regolamenti rigorosi.

Non sappiamo se anche i medici generici in Europa si rifiutano di curare i pazienti vaccinati che si ammalano. Tuttavia, è loro vietato prescrivere farmaci di provata efficacia e sicurezza a pazienti (sospetti) affetti da corona, come l'idrossiclorochina e l'Ivermectina. Niente dovrebbe minacciare il "santo" programma di vaccinazione di massa - recupero: programma di ingegneria genetica, dopo tutto.

All'inizio di quest'anno, il governo ha messo ogni responsabilità per le conseguenze delle vaccinazioni Covid sulle spalle degli operatori sanitari e delle persone che sono vaccinate con esse. Non è quindi inconcepibile che gli operatori sanitari e gli specialisti in Europa siano riluttanti a riconoscere, e tanto meno a trattare, le vittime delle vaccinazioni come tali.

Capitolo 10: Osare parlare

Vaccinare durante una pandemia era precedentemente considerato "impensabile" nella scienza - fino all'anno scorso. È stata avviata un'indagine sui rischi crescenti di infezione e morte tra i vaccinati.

I vaccini di massa globali contro il Covid-19 sono "impensabili", "inaccettabili" e un "errore storico", secondo Luc Montagnier, un virologo francese che ha vinto il premio Nobel nel 2008 per la scoperta dell'HIV. Le vaccinazioni sono la causa delle "varianti" e gli individui muoiono a causa della malattia.

Non è una svista tremenda? È stato un errore sia scientifico che medico". Montagnier ha osservato in un'intervista tradotta pubblicata martedì scorso dalla RAIR Foundation USA: "È un terribile errore". Questo sarà documentato nei libri di storia perché le mutazioni sono causate dalla vaccinazione".

Molti epidemiologi ne sono consapevoli, eppure tacciono su questo, anche quando si tratta di questioni ben note come il "potenziamento anticorpo-dipendente": "Sono gli anticorpi del virus che permettono alla malattia di peggiorare", ha dichiarato Montagnier all'inizio di questo mese in un'intervista con Pierre Barnérias di Hold-Up Media.

Anche se le varianti (mutazioni) si sviluppano naturalmente (ma praticamente sempre diventano meno letali e quindi meno pericolose), le vaccinazioni Covid sono ora i principali motori di questo processo. 'Qual è la funzione del virus? Morirà o troverà un altro modo? Le nuove variazioni si formano chiaramente in seguito all'intervento di certi anticorpi".

Vaccinare durante le pandemie era considerato "impensabile" nella scienza fino all'anno scorso.

Vaccinare durante una pandemia era un tempo considerato "impensabile" nella scienza perché è stato dimostrato che aumenta la quantità di individui malati e di morti. Le vaccinazioni hanno prodotto e portato alle nuove variazioni. Questo è qualcosa che si vede in ogni paese; è lo stesso ovunque. Le vaccinazioni causano mortalità in ogni paese".

I dati dell'Institute for Health Metrics and Evaluation dell'Università di Washington sono stati utilizzati in un video per evidenziare come il numero di morti aumenta sostanzialmente in tutti i paesi in cui sono state implementate le vaccinazioni. Montagnier ha citato i dati ufficiali dell'OMS che mostrano che da quando le immunizzazioni sono iniziate a gennaio, non solo il numero di morti, ma anche il numero di nuove infezioni e persone malate è aumentato drammaticamente, "soprattutto tra i giovani".

Si stanno studiando le infezioni e la mortalità dopo i vaccini.

La trombosi (coaguli di sangue) è una delle ragioni per cui numerosi paesi hanno smesso di usare il vaccino AstraZeneca, secondo il premio Nobel. Sta anche lavorando a uno studio sulle persone che si ammalano di coronavirus dopo essersi vaccinate. Secondo il CDC, almeno 5.800 americani sono stati colpiti dal virus ad aprile; 396 di loro sono stati ricoverati e 74 sono morti.

"Dimostrerò che stanno sviluppando varianti resistenti ai vaccini". Montagnier ha fatto notizia nell'aprile 2020 quando ha detto che il virus SARS-CoV-2 doveva essere stato creato in laboratorio. 'La presenza di elementi dell'HIV e di germi della malaria nel genoma del coronavirus è particolarmente sospetta'. Queste caratteristiche del virus non avrebbero potuto svilupparsi spontaneamente". Nel luglio 2020, ha pubblicato uno studio che conferma la sua idea.

C'è un piano di eutanasia di massa in atto?

L'argomento che le vaccinazioni Covid-19 sono più simili a un programma di eutanasia al rallentatore, che potrebbe risultare in un genocidio aperto su una scala senza precedenti nel breve e medio termine, sembra sempre più giustificato. Le persone che sono state vaccinate di recente e sostengono che "nulla li disturba" dimenticano che i danni (gravi) delle vaccinazioni potrebbero richiedere settimane, mesi o addirittura anni per manifestarsi.

Poiché il virus non è ancora stato isolato in nessuna parte del mondo, alcuni credono che il "nuovo coronavirus" sia solo una massiccia truffa progettata per iniettare alla gente questa terapia genica sperimentale. Di conseguenza, si stanno gettando le basi per una piattaforma di programmazione RNA-DNA transumana che potrebbe alterare, controllare o paralizzare permanentemente chiunque abbia ricevuto questi vaccini.

Capitolo 11: Mandato di veleno

Rischio di avvelenamento da gas fosgene letale

Gli ingredienti del "vaccino" Moderna Covid-19 sono stati rilasciati dal Dipartimento della Salute del Connecticut. Secondo il foglietto illustrativo, questo vaccino contiene "SM-102", che "non è accettabile per l'uso umano o animale", secondo il produttore. Il produttore, Cayman Chemical Company, ha detto all'OSHA che questa sostanza chimica produce "avvelenamento acuto" ed è "fatale al contatto con la pelle". Con un'esposizione prolungata o ripetuta, SM-102 "danneggia il sistema nervoso centrale, i reni, il fegato e il sistema respiratorio".

In breve, le persone che ricevono questo vaccino possono essere avvelenate. Nonostante questo, gli sforzi del governo e dei media continuano a propagandare la sicurezza delle vaccinazioni.

La lista completa degli ingredienti del Connecticut Department of Health è accessibile online (archivio qui) (Natural News specchio Modulo di screening pre-vaccinazione - V20, e Covid-19 lista degli ingredienti del vaccino e programma delle proteine di punta).

Le linee guida del governo per le strutture sanitarie affermano inoltre che il rischio di shock anafilattico dalle vaccinazioni è così alto che tutti i siti di vaccinazione dovrebbero avere a portata di mano farmaci per le reazioni avverse gravi. Perdita di coscienza, disorientamento, confusione, debolezza, diarrea, nausea, vomito, visione a tunnel, vedere lampi di luce, problemi di udito e perdita dell'udito sono tra i molti effetti collaterali riportati. (E questo per un virus che è completamente innocuo per il 99,7% della popolazione).

SM-102

Dopo aver pubblicato queste informazioni, Hal Turner ha ricevuto numerose e-mail da persone che sostengono che le precauzioni SM-102 si applicano solo al cloroformio, non alla vaccinazione Covid di Moderna. L'SM-102 è il terzo elemento più diffuso nella lista degli ingredienti del "vaccino" Moderna, ed è il componente, secondo la Cayman Chemical Company".

Avvelenamento mortale da gas fosgene

Il cloroformio, come qualsiasi altra sostanza chimica, si degrada. Quando entra in contatto con l'ossigeno, si decompone in gas fosgene", che è un "gas molto velenoso (una miscela di monossido di carbonio e cloro) che si liquefa a +8 gradi", secondo il Van Dale Large Dictionary. A sole 7 parti per milione, è fatale (7 parti per milione).

Di conseguenza, tutti coloro che ricevono questa iniezione potrebbero acquisire cloroformio, che può poi decomporsi in gas fosgene mentre circola nel loro corpo. Alcune, forse molte, persone potrebbero raggiungere una soglia mortale di gas fosgene nel loro corpo e morire di conseguenza, possibilmente entro 180 giorni dalla loro seconda dose".

L'avvelenamento da fosgene può potenzialmente portare alla formazione di un'embolia polmonare. I polmoni del paziente si riempiono di liquido, rendendogli impossibile respirare - esattamente quello che è successo a chi soffre di Covid-19 l'anno scorso, mettendoli in ospedale e richiedendo un supporto vitale.

'Che tecnica ingegnosa per spopolare il mondo - nessuno se ne accorge'.

Una volta che queste persone cadono a terra come mosche, gli stessi che ci hanno dato il vaccino possono facilmente dare la colpa a una variazione del Covid", conclude Turner. 'Che tragedia che siano morti a causa di questa mutazione, dalla quale il vaccino non è riuscito a proteggerli'. Potrebbe essere il caso della 'negabilità plausibile' dell'omicidio di massa? Prendete la vostra decisione". (Oppure viene usato per forzare l'ennesimo vaccino sul pubblico).

Turner conclude: 'Che metodo fantastico per spopolare il mondo'. Nessuno se ne accorge perché le morti e le punture avvengono in un lungo periodo di tempo, e i sintomi del gas fosgene sono identici a quelli del Covid".

La storia di Turner è stata rapidamente etichettata come "disinformazione" dal "fact checker" di Facebook Leadstories.com. Poiché questi tipi di "fact checker" sono stati una grande fonte di disinformazione più e più volte dall'anno scorso, e sembrano essere stati istituiti solo per dare alla falsa propaganda dei media mainstream un "timbro di approvazione", questo significa quasi automaticamente che ci può essere un grande nucleo di verità nel 2021.

Volantino senza contenuto

Un'infermiera aveva precedentemente dato a Turner le immagini del foglietto illustrativo obbligatorio che sarà incluso nei cartoni della vaccinazione Moderna. Quando l'ho visto, sono rimasto inorridito", ha detto l'operatore sanitario. Può dirmi dov'è la lista degli ingredienti?' In effetti, è risultato essere assolutamente vuoto. 'Non c'è niente che io abbia mai sparato in un paziente che assomigli a quello'. Sono consapevoli del contenuto".

Quando si parla di opuscoli informativi, conoscete un solo individuo vaccinato che ne abbia ricevuto o scaricato e letto uno prima del 'jab'? I prodotti alimentari devono contenere una lunga lista di ingredienti o non saranno venduti. Lo stesso si può dire per la maggior parte delle medicine e dei beni di consumo comuni. Allora perché, tra tutte le cose, c'è un'eccezione per i vaccini? Perché è reso il più difficile possibile per voi sapere cosa state iniettando nel vostro corpo e le potenziali conseguenze?

Comprereste una zuppa con l'etichetta "Sapremo se gli ingredienti sono sicuri fra tre anni"?

I sostenitori della vaccinazione si rifiuterebbero ancora di considerarla se leggessero l'orribile foglietto illustrativo del vaccino AstraZeneca/Vaxzevria, che recita: "Contiene un adenovirus geneticamente modificato derivato dallo scimpanzé e prodotto in cellule renali embrionali umane". I GVO (organismi geneticamente modificati) sono presenti in questo prodotto". ("Una singola dose (0,5 ml) comprende almeno 250 milioni di unità infettive di adenovirus dello scimpanzé, che codifica la glicoproteina spike SARS-CoV-2 ChAdOx1-S.")

Che dire della realtà in bianco e nero che l'efficacia, la stabilità e la sicurezza del vaccino non devono essere dimostrate chiaramente fino al 31 maggio 2022? Cioè non prima del 31 marzo 2024, o TRE ANNI da oggi, per i vecchi e i malati cronici (pag.16). Cosa farebbero i sostenitori della vaccinazione se andassero al supermercato per comprare una lattina di zuppa e vedessero sull'etichetta che non si saprebbe se i componenti di quella zuppa sono sicuri per la loro salute per un altro anno o tre? Non deciderebbero allora: "Non lo faremo per un po', prenderemo qualcos'altro?".

Capitolo 12: Sangue tossico

Per il momento, la Croce Rossa in Giappone e in Belgio non accetta donazioni di sangue da chi è stato vaccinato contro il Covid-19. Secondo Jeffrey Kingston, responsabile degli studi sull'Asia alla Temple University, il Giappone non ha dimenticato la crisi degli anni '80, quando il governo approvò l'uso di sangue di donatori infetti da HIV. Questo avvenne nonostante fosse già noto che il riscaldamento poteva uccidere le particelle di virus nel sangue.

Solo il 2% dei giapponesi è ancora completamente vaccinato - recupero: terapia di manipolazione genica, contro il 35% negli Stati Uniti. Il governo giapponese, secondo Kingston, non è solo burocratico, ma anche cauto. C'è un tipico periodo di attesa per la donazione di sangue dopo altre vaccinazioni. Questo è di 24 ore per l'influenza, il colera e il tetano, 2 settimane per l'epatite B e 4 settimane per morbillo, parotite e rosolia.

Per il momento, la Croce Rossa belga non accetta donazioni da coloro che sono stati vaccinati.

La Croce Rossa Americana permette alle persone che hanno avuto i vaccini mRNA corona di donare il sangue nello stesso modo in cui è permesso alle persone che sono state infettate dal coronavirus. Non siamo riusciti a scoprire nulla riguardo alle donazioni di sangue sul sito della Croce Rossa, quindi pensiamo che possano continuare senza limitazioni.

Fino ad oggi, nessun virus respiratorio è stato
dimostrato essere trasmissibile attraverso il sangue,
compresi i coronavirus e il virus dell'influenza. Di
conseguenza, dare e ricevere il sangue è privo di rischi",
secondo il sito web della Croce Rossa belga.

Tuttavia, a differenza del solito vaccino antinfluenzale,
sarete momentaneamente incapaci di dare dopo aver
avuto una vaccinazione corona. La durata del tempo
dipende dalla marca e se si hanno sintomi dopo aver
ricevuto il vaccino". (Corsivo aggiunto) Di cosa sono i
segni e i sintomi? Sicuramente, se sei stato vaccinato,
sei al sicuro? Queste vaccinazioni non sono
"provatamente sicure"?

Capitolo 13: L'India si sta sgretolando

Milioni di indiani si lavano nelle fogne a cielo aperto del fiume Gange, dove ogni giorno vengono scoperti decine di corpi.

Il numero di morti per Covid-19 ogni giorno è passato da meno di 100 in gennaio a più di 4.500 in maggio da quando l'India ha iniziato la sua campagna di vaccinazione. Il chiaro legame tra vaccinazioni e autismo non è più discutibile. Tenete anche presente l'avvertimento del direttore del RIVM Jaap van Dissel dalla fine dell'anno scorso, quando ha anticipato che le vaccinazioni "potrebbero inizialmente aumentare la mortalità". E questo è esattamente ciò che sta accadendo in molte nazioni, tra cui l'India su vasta scala.

Ogni giorno si scoprono centinaia di morti nel Gange. Migliaia di indiani muoiono ogni giorno per malattie come la tubercolosi, il tifo, la malaria, il colera e l'influenza a causa delle condizioni sanitarie e nutrizionali ancora scarse del paese.

Le persone che avrebbero ricevuto il Covid-19 sembrano essere più suscettibili alle infezioni fungine, una volta rare, della mucormicosi e del tifo da macchia, che predano la debolezza del sistema immunitario. Il tifo a macchia colpisce circa 1 milione di asiatici ogni anno, ma la minaccia principale è la tubercolosi (resistente ai farmaci), che colpisce 2,8 milioni di indiani ogni anno e ne uccide 435.000.

Il tasso di mortalità sale alle stelle dopo l'inizio delle vaccinazioni, passando da meno di 100 al giorno a più di 4500 al giorno.

Più di 186 milioni di indiani sono stati immunizzati con il vaccino Covid-19 da gennaio. L'India stava andando abbastanza bene prima dell'inizio della campagna di vaccinazione. Il numero medio di morti legate al Covid è aumentato da ben meno di 100 nei primi tre mesi del blocco globale a circa 1000 in settembre e ottobre 2020, prima di diminuire di nuovo a molto meno di 100 in gennaio.

Poi sono state implementate le vaccinazioni, e il tasso di mortalità è salito alle stelle fino a 1500 al giorno in aprile e quasi 4500 in maggio. Infatti, 3532 varianti di Covid sono attualmente in circolazione in India, tutte apparse quasi immediatamente dopo l'inizio dei vaccini.

Com'è possibile quando due terzi della popolazione ha già sviluppato anticorpi, secondo una società di analisi privata? In aprile, la rivista Nature ha posto la stessa domanda. Perché oggi muoiono improvvisamente 45 volte più persone, se le vaccinazioni stavano già proteggendo così tante persone contro il Covid-19? Potrebbe essere dovuto all'Antibody Dependent Enhancement (ADE), che è stato messo in guardia da un certo numero di scienziati ed esperti, e che potrebbe diventare un problema nei Paesi Bassi in autunno, quando torneranno il Corona e altri virus respiratori?

Le persone che sono state vaccinate sono più suscettibili alle principali malattie e infezioni".

Non solo i vaccini avvelenano il sistema delle persone, rendendole più suscettibili alle conseguenze infettive (interferenza del virus), ma portano anche il sistema immunitario a fallire se viene riesposto alle mutazioni del coronavirus 'vivo' (ADE)", dice Mike 'Natural Adams'.

Secondo Adams, le ricerche cliniche hanno indicato che le vaccinazioni Covid-19 hanno reso i destinatari più vulnerabili a malattie più gravi. Il gran numero di pazienti che hanno sperimentato effetti avversi da questi vaccini, tra cui stanchezza, febbre, problemi di raccolta, letargia, paralisi, coaguli di sangue, e così via, è la prova che essi inducono malattie significative, indebolendo ulteriormente il sistema immunitario.

'Armi biologiche dell'autoimmunità'

Un programma di vaccinazione diffuso potrebbe incoraggiare i coronavirus a evolversi ancora più rapidamente, con conseguente aumento del cambiamento delle proteine Spike e, di conseguenza, la creazione di nuove varietà. La varietà B.1.617.2 che si sta diffondendo in India, secondo gli scienziati britannici, è il 50% più contagiosa". A proposito, questo è un evento comune; i virus che cambiano diventano sempre più contagiosi, ma quasi sempre diventano meno letali. Tuttavia, grazie ai vaccini, questa volta potrebbe essere diverso, come il bagno di sangue in India sembra implicare.

Inoltre, queste vaccinazioni agiscono come armi biologiche per malattie autoimmuni, spingendo il corpo delle persone a produrre proteine Spike, che possono essere rilasciate nell'ambiente e portare alla rapida evoluzione di particelle virali infettive. In seguito, i non vaccinati sono esposti a una varietà di proteine Spike dei vaccinati. Questo potrebbe spiegare perché il tasso di mortalità dell'India è improvvisamente salito alle stelle, e perché i corpi si stanno lavando a frotte lungo le rive del Gange".

Capitolo 14: La prossima pandemia?

Il Forum Economico Mondiale, come l'Organizzazione Mondiale della Sanità, è emerso come uno dei più veementi nemici della libertà e dell'umanità.

Pianificato (false flag) attacco informatico del WEF per destabilizzare il sistema finanziario tra agosto 2021 e marzo 2022 - Il prossimo "virus assassino" sarà il SARS-3, che è già stato prodotto in un laboratorio italiano, o lo SPARS?

L'élite del potere globale è così autorizzata dalla devozione servile e dall'ingenua credulità del 90% della popolazione che non viene fatto alcuno sforzo per nascondere la realtà che un grande scenario pianificato e predeterminato viene effettivamente messo in atto.

Il direttore dell'OMS Tedros Adhanom Ghebreyesus, un comunista impegnato, sta ora apertamente proclamando la prossima pandemia, che sarà "più contagiosa e letale" del Covid-19, come forse sapete. Le aziende farmaceutiche si stanno strofinando i palmi delle mani e hanno già iniziato a preparare e testare il prossimo ciclo di vaccinazioni.

Non fate errori, questa non è l'ultima volta che il mondo affronta una minaccia pandemica", ha detto Tedros all'Assemblea Generale dell'ONU di 194 ministri della salute degli stati membri. È una certezza evolutiva che emergerà un altro virus molto più contagioso e letale di questo".

La 'certezza evolutiva' era un eufemismo per 'questo è ciò che noi, come Covid-19, abbiamo minuziosamente sviluppato e pianificato in collaborazione con il World Economic Forum'. Forse l'altro virus è lo SPARS, di cui abbiamo scritto all'inizio di quest'anno e che doveva arrivare nel (circa) 2025? Sarà la SARS-3, che è già stata prodotta in un impianto italiano e che potrebbe essere rilasciata sul grande pubblico in qualsiasi momento?

Il bilancio delle vittime sta scendendo, ma non siamo ancora fuori pericolo".

Naturalmente, il capo dell'OMS ha dovuto dichiarare che il numero di casi e di morti di Covid-19 è in costante diminuzione da tre settimane. Fare diversamente renderebbe molto chiaro che le vaccinazioni stanno avendo l'effetto esattamente opposto in luoghi come l'India. Dall'inizio dei vaccini, il numero di morti giornaliere è salito da 100 a quasi 4500 ogni giorno. Le linee guida per il test PCR, molto abusato, sono state modificate "segretamente" a gennaio, apparentemente per far sembrare che le vaccinazioni abbiano successo.

I vaccini sono ora in fase di valutazione.

Le aziende farmaceutiche, che hanno visto quanto può essere redditizio vaccinare durante una pandemia nell'ultimo anno, stanno già lavorando su nuove vaccinazioni. Lunedì scorso, Bloomberg ha riferito che

GlaxoSmithKline (insieme al partner Sanofi) sta lavorando alla prossima generazione di vaccinazioni Covid. Una sessione di prova utilizzando una nuova vaccinazione su più di 37.000 pazienti inizierà già la prossima settimana, secondo Roger Connor, capo dello sviluppo dei vaccini.

È necessario mettere in ginocchio la popolazione.

Si può ormai dire che l'ordine globalista stabilito, guidato dal Forum Economico Mondiale, dalle Nazioni Unite, dall'Organizzazione Mondiale della Sanità, dal Fondo Monetario Internazionale, dall'Unione Europea e dall'alleanza Gavi, e sostenuto da quasi tutti i partiti politici, ha lanciato un assalto frontale all'umanità. Come forse sapete, la fase 2 di questa pandemia è già stata annunciata: un attacco informatico (false flag) al sistema finanziario occidentale (in bancarotta), e forse anche all'approvvigionamento energetico, con l'obiettivo di mettere in ginocchio la popolazione e costringerla ad accettare senza resistenza il "Grande Reset" comunista ("Build Back Better"), o la "Quarta rivoluzione industriale" nel quadro dell'Agenda 21/2030 delle Nazioni Unite.

Il WEF ha eseguito delle simulazioni, simili alla simulazione della pandemia di corona nell'ottobre 2019 ("Evento 201"), per vedere come realizzare al meglio un tale attacco informatico, che taglierà fuori la popolazione dai suoi conti bancari, forse da internet, e forse anche (parti della) loro fornitura di energia (e quindi trasporti e approvvigionamento alimentare) per giorni, forse settimane, e come trarre il massimo dalle conseguenze previste.

Secondo Armstrong, il recente attacco informatico al Colonial Pipeline negli Stati Uniti, che è stato presumibilmente bloccato dagli hacker e poi rilasciato dopo aver pagato una tassa di estorsione di 5 milioni di dollari, è stato anche un test per vedere se il previsto attacco informatico al sistema finanziario potrebbe essere effettuato in questo modo. 'Ora possono sostenere che il malware è redditizio, e l'intero globo è a rischio'. Questo è lo scenario più probabile in questo momento".

Questa minaccia sembra essere motivata dal desiderio di completare il Grande Reset. Covid è stato grossolanamente gonfiato, e quelli dietro i modelli fasulli che sono stati usati per appiattire l'economia globale stanno per guadagnare molto dall'inflazione di questo pericolo informatico. La domanda ora è: quando lo faranno? Sarà quest'anno o l'anno prossimo?

Capitolo 15: Controllo totale?

I primi componenti necessari per trasformare l'intera razza umana in tecno-schiavi totali sono già ampiamente distribuiti.

Le onde radio e i campi magnetici possono essere utilizzati per rendere sensibili le cellule cerebrali e nervose - il controllo del comportamento umano in luoghi con particolari radiazioni sta diventando una realtà.

I ricercatori degli Stati Uniti hanno creato una proteina magnetica che può essere utilizzata per stimolare rapidamente le cellule cerebrali (e viceversa). Questa nuova tecnica può essere utilizzata per regolare le aree del cervello responsabili del comportamento complicato.

Poiché lo sviluppo della proteina Spike è importante per le vaccinazioni mRNA contro il coronavirus, è facile prevedere che in futuro, questo tipo di vaccino includerà un altro "programma" che sviluppa una proteina destinata a ottenere un controllo esterno sul nostro comportamento e pensieri.

L'optogenetica viene eliminata a favore della chemiogenetica.

L'optogenetica è l'approccio più potente. Impulsi di luce laser possono essere usati per accendere o spegnere gruppi di neuroni associati. La chemiogenetica è un nuovo approccio che è stato creato recentemente. Questo funziona attivando proteine personalizzate con "farmaci di design" (droghe, vaccinazioni) che possono essere mirate a certi tipi di cellule.

L'aspetto negativo dell'optogenetica è che richiede l'introduzione di fili di fibra ottica nel cervello, che possono penetrare nel tessuto solo in misura limitata. La chemiogenetica utilizza reazioni biologiche per attivare le cellule nervose in pochi secondi. Non è più necessario "aprire" il cervello con questo nuovo approccio.

Progetto magneto

Ricerche precedenti hanno dimostrato che le proteine attivate dal calore e dalla pressione meccanica delle cellule nervose possono essere modificate geneticamente per diventare sensibili alle onde radio e ai campi magnetici. Attaccando una particella (para)magnetica ad esse, così come brevi sequenze di DNA, si ottiene questo. Questo metodo è già stato utilizzato per controllare i livelli di glucosio nel sangue dei topi.

In un esperimento di laboratorio, la proteina "Magneto" creata è stata trovata in grado di essere assorbita da cellule renali umane. La proteina è stata poi attivata utilizzando un campo magnetico. Magneto' è stato poi inserito nel genoma di un virus, insieme a una proteina verde fluorescente e a sequenze di DNA che mirano esclusivamente a specifici tipi di neuroni, in un test successivo. Dopo di che, il virus è stato consegnato nel cervello dei topi. Magneto è stato attivato lì usando un campo magnetico, facendo sì che le cellule (del cervello) creassero particolari impulsi nervosi.

Poi fu il turno dei topi che potevano muoversi liberamente. Magneto è stato iniettato nella regione del cervello che controlla la motivazione e la ricompensa (neuroni della dopamina). I topi sono stati poi separati in gruppi e messi in una stanza dove alcuni erano esposti a un campo magnetico mentre altri no.

I topi Magneto sono stati trovati a trascorrere molto più tempo nella zona magnetica perché i neuroni della dopamina nel loro cervello sono stati impegnati, dando loro un senso di ricompensa quando erano lì. Questo ha dimostrato che il comportamento complicato può essere controllato e anche diretto utilizzando i neuroni Magneto situati in profondità nel cervello.

Steve Ramirez, un neurologo di Harvard, è entusiasta della nuova strategia. Questo metodo consiste in un singolo, bellissimo virus che può essere iniettato ovunque nel cervello", dice il ricercatore. Per alterare il comportamento degli animali (e più tardi degli esseri umani?), avevano solo bisogno di essere esposti a un campo magnetico.

Controllare il proprio comportamento in una zona colpita da radiazioni sta diventando più fattibile.

Ora che gli esseri umani nell'anno 2021 stanno avendo istruzioni genetiche (mRNA) iniettate nei loro sistemi con il pretesto di "vaccini" per produrre una proteina (la proteina Spike), il prossimo passo è quello di aggiungere ALTRE istruzioni a questi tipi di vaccini. In un discorso del 2017, il CMO di Moderna ha delineato come l'mRNA può essere usato per modificare il DNA delle persone, rendendo i "vaccini" mRNA una piattaforma attraverso la quale gli umani possono essere programmati.

E sembra che questo è esattamente ciò che sarà fatto, con proteine che cambieranno il vostro comportamento quando siete in una zona con certe radiazioni in arrivo (come il 5G). Finché non sarà un fatto compiuto, i media mainstream lo chiameranno certamente "teoria della cospirazione" o "disinformazione". Protestare allora diventa privo di senso, dato che molto probabilmente non sarete in grado o disposti a farlo a causa di questa nuova tecnologia.

Di conseguenza, quando il CEO del WEF Klaus Schwab ha dichiarato l'anno scorso che entro il 2030 (ma forse molto prima) non possiederete nulla e sarete felici, era assolutamente serio. Sarete, infatti, cablati per essere felici, non importa quali siano le circostanze. Alcune persone sembrano essere impazienti di cedere la loro umanità, il pensiero indipendente e persino la loro "anima" per diventare schiavi del sistema senza volontà, programmati, controllati e gestiti digitalmente.

Capitolo 16: Mascherare le pecore

Gli scienziati ritengono che le maschere facciali indossate dal grande pubblico comportino un rischio di infezione - Per oltre un secolo, tutte le esperienze pandemiche hanno dimostrato che le maschere facciali non funzionano nel combattere i virus e sono inefficaci come protezione.

Recentemente, i media mainstream hanno trionfalmente pubblicato uno studio che dimostra che i paradenti sono efficaci. Tuttavia, un breve sguardo al committente dello studio ha rivelato tutto: l'Istituto Max Planck, che è sostanzialmente sostenuto dal governo tedesco e dall'Unione Europea. Ciò che oggi è considerato "scienza" sarà quasi certamente "di chi mangia il pane..." nel 2020 e 2021.

Di conseguenza, non possiamo più aspettarci conclusioni imparziali o critiche da questi tipi di ricercatori "noi di WC duck..."; invece, si lasciano sfruttare, proprio come in passato, per timbrare con approvazione i programmi governativi. Infatti, un recente e completo metastudio tedesco ha concluso che i paradenti non solo sono inefficaci ma anche pericolosi per la salute.

Dopo un'ora di lettura sul sito del Max Planck Institute, è evidente che gli istituti e gli scienziati ad essi collegati sono come due mani in un guanto quando si tratta di trattare con il governo. Non ci sono note critiche, e non

c'è un solo studio che contraddica anche
marginalmente le affermazioni delle autorità. Si legge
anche una richiesta di fare di più per combattere le voci
anti-vaccino, come ad esempio bandirle da Internet, per
renderlo più "democratico"...

L'Inquisizione è tornata con un altro nome

La Chiesa cattolica, politicamente potente, trascinò
Galileo Galilei davanti all'Inquisizione all'inizio del XVII
secolo perché, come Copernico nel XVI secolo,
sosteneva che la terra, come gli altri pianeti, gira
intorno al sole (visione eliocentrica del mondo), e che
noi non siamo il centro dell'universo (visione
geocentrica del mondo). Per "dimostrare" che aveva
torto, furono citati diversi "scienziati" affermati e tesi
"scientifiche" e teologiche. Solo nel 1992 l'allora Papa
Giovanni Paolo II si è scusato e il Vaticano ha ripulito il
suo nome.

**I paradenti sono inefficaci e (molto) pericolosi per la
salute, secondo un metastudio.**

Tuttavia, ci sono ancora degli scienziati che non hanno
venduto l'anima al diavolo. Per esempio, un recente
metastudio tedesco ha confermato ciò che è noto da
oltre un secolo: i paradenti sono inefficaci e dannosi per
la salute. Ventidue delle 44 ricerche scientifiche che
hanno trovato sostanziali effetti dannosi dei paradenti
sono state pubblicate nel 2020, e ventidue di questi
studi sono stati pubblicati sotto Covid-19. C'erano 31

studi sperimentali e 13 studi osservazionali in totale. I ben noti paradenti blu e le maschere N95 hanno attirato il 68% dell'attenzione.

Esaurimento, confusione e malessere sono causati dall'aumento della difficoltà respiratoria, della frequenza cardiaca e della pressione sanguigna.

Indossare tappi chirurgici (blu) per la bocca da parte di operatori sanitari sani (dai 18 ai 40 anni) provoca effetti fisici misurabili con un aumento dei valori transcutanei (attraverso la pelle) di CO2 e cambiamenti significativi nella composizione del sangue dopo soli 30 minuti, secondo uno studio crossover randomizzato pubblicato nel 2005. L'aumento considerevole di CO2 "respirato di nuovo" causa un aumento della resistenza respiratoria, richiedendo al corpo di esercitare una quantità crescente di sforzo, così come un grande aumento della frequenza cardiaca.

Gli effetti negativi possono sembrare minori all'inizio, ma indossare regolarmente i paradenti comporta un carico fisico crescente. Secondo l'avvertimento, i paradenti hanno un impatto rilevante sulle malattie a lungo termine. Alta pressione sanguigna, arteriosclerosi, malattie cardiache (sindrome metabolica) e malattie neurologiche sono solo alcuni degli effetti collaterali inevitabili dell'uso a lungo termine dei paradenti.

Anche un piccolo aumento di CO2 nell'aria inalata causa mal di testa, problemi respiratori (asma), pressione sanguigna e frequenza cardiaca elevate, che causano danni ai vasi sanguigni, e infine disturbi neuropatologici e cardiovascolari. Solo una pressione respiratoria leggermente aumentata per un lungo periodo di tempo ha un effetto simile. I livelli elevati di CO_2 sono particolarmente pericolosi per le donne incinte perché compromettono l'apporto di sangue alla placenta.

Attacchi di panico, iperventilazione, difficoltà cognitive e mal di testa sono tutti sintomi dello stress.

È stato stabilito oltre ogni ragionevole dubbio che i paradenti causano danni significativi e, a lungo termine, duraturi alla salute. L'ormone dello stress, la norepinefrina, viene rilasciato molto istantaneamente dal cervello umano in risposta a bassi livelli di ossigeno e a un consumo di CO_2 leggermente aumentato. Il livello di CO_2 deve essere solo del 5% per produrre un attacco di panico in 15-16 minuti, secondo gli esperimenti di provocazione del respiro. La concentrazione abituale di CO_2 nell'aria espirata è intorno al 4%.

I paradenti sono controindicati per gli epilettici, secondo i neurologi degli Stati Uniti, del Regno Unito e di Israele, perché possono causare iperventilazione. Infatti, indossare un paradenti può aumentare il tasso di respirazione dal 15% al 20%.

L'uso dei bocchini ha causato al 71,4% di 343 dipendenti della sanità di New York sintomi fisici (malattia)

75

riconosciuti. Ancora peggio, il 28% aveva problemi di salute cronici per i quali avevano bisogno di farmaci.

Nel contesto di Covid-19, tutte le varietà di paradenti sono state valutate in profondità nel 2020. Conclusione: Dopo solo 100 minuti, creano gravi problemi di pensiero e di concentrazione, che sono prodotti direttamente dalla diminuzione del contenuto di ossigeno nel sangue. Un altro studio ha scoperto che i paradenti sono direttamente responsabili di più della metà dei mal di testa degli utilizzatori di paradenti.

Infezioni e condizioni della pelle

Poiché i tappi della bocca coprono le vie respiratorie, la temperatura del corpo aumenta e l'umidità aumenta, alterando drasticamente l'habitat naturale della pelle. Molte persone hanno la pelle rossa, pruriginosa e secca, così come un'eccessiva produzione di sebo (acne). Peggiora e prolunga i disturbi della pelle, rendendo le persone più suscettibili alle infezioni. Questo perché sia i paradenti blu che quelli N95 permettono a germi, funghi e virus di moltiplicarsi velocemente sia all'interno che all'esterno dei paradenti (che si saturano dopo solo 10-15 minuti e poi non funzionano più comunque).

La pelle del viso non è fatta per rimanere nascosta per lunghi periodi di tempo. Un gran numero di persone sperimenterà problemi di pelle indesiderati ora che è necessario farlo comunque.

Danni psicologici significativi, in particolare tra i bambini

Sono stati documentati danni psicologici in aggiunta alle numerose ripercussioni fisiche e alla sostanziale diminuzione della qualità della vita - perché anche le normali attività quotidiane come mangiare, bere e conversare sono gravemente compromesse. I paradenti causano una sensazione di perdita di libertà e di autonomia (che può benissimo essere lo scopo dell'obbligo di indossarli), che può portare a rabbia repressa e a una continua distrazione inconscia, soprattutto perché i paradenti sono spesso imposti da altri.

I paradenti mettono in pericolo i diritti umani fondamentali come l'integrità personale, il diritto all'autodeterminazione e all'autonomia, oltre a causare disagio e a provocare la perdita di alcune capacità psicomotorie, cognitive e mentali, nonché una ridotta reattività. I paradenti sono particolarmente dannosi per i bambini, che spesso sperimentano preoccupazione e tensione a causa di essi. Molti giovani si sentono male e infelici, si ritirano e si impegnano meno nella vita. (Un'intera generazione di giovani e adolescenti è stata così gravemente danneggiata).

I media, sia ora che in passato, hanno giocato un ruolo molto dannoso.

I sentimenti depressivi sono diffusi, con il 50% dei portatori di igiene orale intervistati che li sperimentano. La preoccupazione è esacerbata dai rapporti spesso esagerati e unilaterali dei media tradizionali. Solo il 38% della copertura mediatica della pandemia di Ebola nel 2014 conteneva fatti scientifici, e il 42% (significativamente) ha sovrastimato il pericolo, secondo una ricerca. Uno scioccante 72% dei pezzi dei media è stato progettato per far sentire gli spettatori peggio riguardo alla loro salute.

Non abbiamo ancora numeri concreti, ma crediamo che entro il 2020, solo il 10% della copertura delle notizie conterrà un qualsiasi fatto scientifico, e il 90% esalterà (seriamente) il pericolo del coronavirus. E, con poche eccezioni, tutti i media mainstream erano e sono colpevoli di instillare sentimenti di paura e incertezza 24 ore al giorno, 7 giorni alla settimana.

I paradenti sono un simbolo di pseudo-solidarietà e conformità".

Secondo gli scienziati in uno dei documenti analizzati, i paradenti sono diventati "un simbolo di conformità e pseudo-solidarietà". L'OMS, per esempio, enfatizza esclusivamente gli ostentati "benefici" dell'uso dei paradenti e cerca di creare in chi li indossa la (falsa) convinzione che stiano aiutando a combattere un virus.

Conclusione del metastudio: 'Gli effetti potenzialmente drastici e indesiderati osservati in campi multidisciplinari sottolineano la portata generale delle decisioni globali di introdurre paradenti... Secondo la letteratura, ci sono conseguenze indesiderabili inequivocabili e scientificamente provate per chi indossa il paradenti, sia fisiche che psicologiche e sociali.

Non c'è nessuna prova scientifica che il virus sia stato eradicato".

Né l'OMS, né l'ECDC (Centro europeo per la prevenzione e il controllo delle malattie), né gli istituti nazionali (come il RIVM) hanno dimostrato con dati scientifici fondati una conseguenza positiva dei paradenti per la popolazione (nel senso di una minore diffusione del Covid-19)", si legge nella dura sentenza sui paradenti.

Le autorità sanitarie nazionali e internazionali hanno imposto alla società i loro giudizi teorici sui paradenti, contrariamente allo standard scientificamente stabilito della medicina basata sull'evidenza, anche se l'uso obbligatorio dei paradenti crea un ingannevole senso di sicurezza".

I paradenti indossati dal pubblico rappresentano un rischio di infezione".

Da un punto di vista epidemiologico infettivo, l'uso regolare dei paradenti espone i portatori al pericolo di autocontaminazione sia dall'interno che dall'esterno (dei paradenti), così come attraverso le mani contaminate. Inoltre, l'aria espirata fa sì che i paradenti si saturino, permettendo alle sostanze chimiche che causano infezioni di accumularsi all'interno. Questa tendenza può essere evidenziata dal notevole aumento di rinovirus nella ricerca Sentinel dell'RKI (Istituto nazionale tedesco per la salute pubblica e l'ambiente) a partire dal 2020".

I paradenti indossati dal pubblico sono considerati dagli scienziati un rischio d'infezione, poiché le regole d'igiene standardizzate negli ospedali non possono essere seguite dalla società". Oltre a ciò, il forzato "dover parlare più forte sotto un paradenti porta ad una maggiore produzione di aerosol (l'effetto di atomizzazione)" (che può essere misurato fino a 20 metri di distanza, e che rende automaticamente tutte le distanze sociali completamente inutili, poiché i paradenti sono così saturi dopo solo 10 - 15 minuti e non funzionano più comunque. E chi sostituisce il suo paradenti ogni 10 minuti?).

I paradenti non aiutano in nessuna epidemia moderna.

I paradenti di uso quotidiano non hanno ottenuto i risultati sperati nella lotta contro le infezioni virali durante le pandemie influenzali del 1918-1919, 1957-1958, 1968, 2002, e con la SARS 2004-2005, così come l'influenza del 2009 (influenza suina).

Le esperienze hanno spinto gli studi scientifici a concludere nel 2009 che l'uso quotidiano dei paradenti non ha alcun effetto antivirale sostanziale. Ancora più tardi, scienziati e istituti hanno stabilito che i paradenti erano inefficaci nel proteggere gli utenti dalle infezioni respiratorie virali. I paradenti chirurgici, anche quando sono usati negli ospedali, mancano di prove solide sulla prevenzione dei virus".

'Come sempre, nessun beneficio favorevole sulle infezioni o malattie è stato rilevato in un confronto pratico tra Svezia e Bielorussia da un lato e il resto d'Europa, così come gli Stati Uniti (tra gli stati con e senza paradenti obbligatori).

Capitolo 17: Vittime dei vaccini

'Migliaia di morti evitabili a causa del Covid, e migliaia già a causa dei vaccini' - L'India ferma l'esplosione di morte dopo le vaccinazioni con Ivermectina e idrossiclorochina - Potrebbe essere lo stesso qui con le stesse immunizzazioni se tali procedure sono usate in America?

Il professor Dr. Peter McCullough, una delle massime autorità mondiali sul trattamento del Covid-19, ha accusato il governo americano di nascondere "numeri inimmaginabili" di vittime del vaccino in un'intervista.

Questo è esattamente lo scenario che abbiamo previsto per quasi un anno: i vaccini producono un numero enorme di nuove vittime, che vengono poi attribuite a una variazione di Covid o a qualche altra causa di morte, come è molto probabile che avvenga, per esempio, in India. Potrebbe essere il caso anche qui, se tali tecniche sono già utilizzate in America per convincere il maggior numero possibile di persone a prendere questi "vaccini"?

Ora siamo controllati dalla stessa élite di potere (WEF, ONU/OMS, Gavi/Gates, Big Pharma).

Con il sistema di registrazione delle vaccinazioni VAERS negli Stati Uniti, il numero di decessi da vaccinazione riportati si sta avvicinando a 5000, passando da circa l'1% a un massimo del 10% del numero reale in passato.

A partire dal 15 maggio, circa 11.500 individui sono stati feriti nell'UE, con oltre 630.000 individui feriti su entrambe le sponde dell'Atlantico e altre decine di migliaia di persone permanentemente malate o inabili. Poiché il numero delle vittime dei vaccini è migliaia di volte superiore a quello di tutti gli altri vaccini messi insieme, di solito è necessario uno studio dettagliato.

Un farmaco è normalmente ritirato dal mercato dopo 50 morti.

Ogni nuovo farmaco con cinque morti inspiegabili riceve un avviso di 'scatola nera', e poi si sente al telegiornale che questo farmaco può uccidere", spiega McCullough. 'E dopo 50 morti, viene rimosso dal mercato', dice l'autore.

Durante la pandemia di influenza suina del 1976, gli Stati Uniti cercarono di vaccinare 55 milioni di persone, ma lo sforzo fu interrotto dopo che 25 persone morirono e 500 rimasero paralizzate a causa del vaccino.

Ora sta accadendo l'esatto contrario sia in America che in Europa: più il numero delle vittime aumenta, più le autorità esercitano pressioni sulla popolazione perché si vaccini. E tutto questo con sostanze che sono state approvate solo provvisoriamente, e i cui produttori dovranno dimostrare la loro "sicurezza" solo tra qualche anno.

Sarebbe impossibile per i medici del servizio civile certificare che le morti non sono state causate dalle vaccinazioni in un periodo di tempo così breve".

I numeri sono addirittura falsificati di proposito, secondo lo stimato accademico. Alla fine di marzo, c'erano stati 2.602 decessi legati ai vaccini negli Stati Uniti. La FDA ha poi detto che 1600 morti erano state "investigate" da medici governativi anonimi, che erano giunti alla conclusione che nessuna di queste persone era morta a causa del vaccino.

È stato inquietante", ha detto McCullough. Sa per esperienza personale che normalmente ci vogliono mesi per completare un'indagine del genere, non solo pochi giorni o settimane. Sono stato presidente e ho partecipato a dozzine di commissioni di monitoraggio della sicurezza... e posso dirvi che non c'è modo che medici sconosciuti del servizio civile senza alcuna esperienza con il Covid-19 possano determinare che nessuna di queste morti era dovuta al vaccino".

In realtà stanno morendo molte più persone.

Poiché solo dall'1% al 10% delle morti da vaccino sono riportate storicamente, come convalidato da uno studio di Harvard, molte più persone moriranno in realtà di quanto non siano riportate nelle stime ufficiali, e certamente non 0.
Poiché solo dall'1% al 10% delle morti da vaccino sono riportate storicamente, come convalidato da uno studio

di Harvard, molte più persone moriranno in realtà di quanto non siano riportate nelle stime ufficiali, e certamente non 0.

Confrontatelo con la vaccinazione antinfluenzale. Ogni anno, il VAERS riporta 20-30 morti, su 195 milioni di vaccinazioni. Con il Covid-19, gli Stati Uniti erano già a 2602 morti su 77 milioni di vaccinazioni, di gran lunga il numero più alto per i vaccini in tutta la storia. Nonostante questo, nessun politico affermato o giornalista dei mass media chiede un'indagine indipendente. Peggio, i pochi che lo fanno vengono immediatamente stigmatizzati e vilipesi.

Si stima che l'85% di tutte le vite perse avrebbero potuto essere salvate".

L'esperto di Covid pensa che le migliaia di morti (circa 16000 nell'UE e negli USA a metà maggio, sicuramente almeno altri 1000-2000 ormai) e centinaia di migliaia di malati e feriti continueranno all'infinito. Inoltre, ha detto davanti al Senato degli Stati Uniti il 19 novembre 2020, che "ora crediamo che fino all'85% delle vite perse potrebbero essere state salvate con un regime multi-farmaco".

Tuttavia, questi farmaci di provata efficacia e sicurezza sono severamente proibiti in America, Europa e Olanda per essere applicati ai (presunti) pazienti Covid-19. I medici generici possono essere multati di 150.000 euro se prescrivono l'Ivermectin.

85

Il governo è completamente nel sacco di Big Pharma e delle istituzioni controllate da Bill Gates come l'OMS, e ha deciso fin dall'inizio che solo un vaccino può portare la "salvezza".

L'India usa l'Ivermectina e l'HCQ per porre fine alla mortalità.

L'India ha iniziato a utilizzare l'Ivermectina e l'idrossiclorochina, molto contro gli interessi dell'OMS e di Big Pharma (HCQ). Di conseguenza, l'enorme aumento del numero di morti in seguito all'introduzione delle vaccinazioni è ora terminato.

Ai media tradizionali è stato detto di non pubblicare alcuna critica ai vaccini.

A tutti i media tradizionali, d'altra parte, è stato detto di ritrarre questi farmaci in una luce negativa e di pubblicare (quasi) nessun rapporto critico sui vaccini. Addirittura, su richiesta del governo, generano di proposito quanta più ansia possibile in Europa.

Questa palese censura e totale corruzione dei media rientra nella Trusted News Initiative, alla quale partecipano non solo i giganti dei social media come Facebook, Google/YouTube e Twitter, ma anche le grandi agenzie di stampa AP, Reuters e AFP, così come la BBC, CBC, EBU (European Broadcasting Union), Microsoft e il Washington Post. I fatti sul lato oscuro delle vaccinazioni sperimentali di terapia genica dovrebbero essere chiamati "disinformazione pericolosa" dai media mainstream.

Dal momento che provoca così tante morti evitabili, come può essere etichettato altro che fascismo medico o addirittura terrorismo medico?

Se i cittadini ricevessero "qualsiasi tipo di notizia onesta ed equilibrata sulla sicurezza", ha concluso McCullough, "semplicemente non prenderebbero questo vaccino". La Trusted News Initiative è davvero preoccupante, perché attualmente stiamo vivendo un numero record di morti, che aumenta ogni giorno".

Il governo e Big Pharma hanno una connessione simbiotica.

Il famoso medico ha sostenuto che il governo e Big Pharma hanno una relazione incestuosa, che proibisce alle organizzazioni di regolamentazione come l'OMS di essere in grado, volenterose o in grado di dare un giudizio obiettivo. Il National Institutes of Health americano, per esempio, è co-proprietario del brevetto Moderna. Di conseguenza, il governo ha un incentivo finanziario a vendere e somministrare quanti più vaccini possibile.

I pochi medici, scienziati e altri professionisti che ascoltano la loro coscienza di solito hanno troppa paura di parlare per nome. Comprensibilmente, perché altrimenti dall'anno scorso non è solo immediatamente la fine della licenza o la fine della carriera, ma si viene anche trascinati nel fango e in alcuni casi anche denunciati e/o intimiditi dallo stesso governo.

Non scopriamo mai il vero numero di vittime".

Secondo una recente valutazione di 500 residenti in case di cura condotta da un medico di Kansas City, 22 anziani sono morti entro 48 ore dal ricevimento di un'iniezione Pfizer. Non posso provare che il vaccino li abbia uccisi tutti, ma posso dimostrare che li ha uccisi tutti entro 48 ore. Devono essere monitorati solo per 15 minuti, secondo le linee guida, quindi non riusciamo mai a vedere i numeri reali. È difficile provare se succede dopo quei 15 minuti... Che Dio ci aiuti se la FDA lo autorizza.

Un coraggioso medico canadese è uscito allo scoperto. Il dottor Charles Hoffe ha infranto il divieto del governo di parlare, dicendo che "il vaccino Moderna ha ucciso e reso disabili i pazienti".

Il governo non è mai stato interessato a curare le persone malate".

Secondo McCullough, il governo aveva poco interesse a curare i malati (con i farmaci), ma invece adottò rapidamente l'agenda dell'OMS (solo allontanamento sociale, paradenti, chiusure, test e attesa delle vaccinazioni).

Egli descrive una strategia in quattro fasi nel suo documento "A Guide for Home-Based Covid-19 Treatment: A Step-by-Step Doctor's Plan That Could Save Your Life" (dicembre 2020), dove il pilastro più importante, trattare e curare i pazienti affetti da Covid-19 con farmaci provati e sicuri, è stato completamente assente dalla politica pubblica. Egli ritiene che come risultato, decine di migliaia di persone sono morte inutilmente solo negli Stati Uniti.

L'anno scorso, l'accademico francese Christian Perronne, che ha una lunga e illustre carriera, ha scritto un libro dal titolo provocatorio "C'è un errore che non hanno fatto?" - Covid-19: Il santo matrimonio dell'incompetenza e dell'hubris". Secondo lui, se i malati di corona fossero stati trattati con zinco, idrossiclorochina/quercetina, vitamine C e D, e azitromicina fin dall'inizio (soprattutto come misura preventiva), ci sarebbero stati pochi morti e 25.000 francesi (l'80% del numero di morti dell'epoca) sarebbero ancora vivi oggi.

Capitolo 18: L'umanità si sta restringendo

La Terra è ancora incredibilmente sterile: ci sono poche indicazioni di civiltà umana visibili dallo spazio. - A New York, tutte le persone del pianeta entreranno in edifici di un piano". - "Avere figli dovrebbe essere in realtà un dovere della società", dice un dirigente Tesla che si concentra sull'RNA umano e sulla programmazione del DNA.

Elon Musk, il CEO di Tesla, è noto per fare dichiarazioni che contraddicono l'immagine globalista del "Nuovo Ordine Mondiale". In un recente discorso, ha dichiarato che la nostra più grande sfida tra 20 anni sarà la sottopopolazione, non la sovrappopolazione. In precedenza abbiamo detto che, contrariamente all'assunto comune, la Terra ha spazio, cibo, energia e ricchezze più che sufficienti per sostenere almeno il triplo delle persone in un'esistenza prospera. Il più presto possibile. La vera fonte della nostra più grande preoccupazione è l'élite del potere globale, che sta facendo tutto il possibile per eliminare il maggior numero di persone possibile mantenendole impoverite, malate, affamate e quindi controllabili.

'Voglio sottolineare che il problema più grande tra 20 anni è il collasso della popolazione, non un'esplosione'. Dà come semplice esempio qualcuno che sgancia a caso una bomba da un aereo da qualche parte sulla terra. 'Quanto spesso si colpisce qualcuno allora? Di fatto, mai. Tutti i tipi di cose cadono sulla Terra dallo spazio

tutto il tempo. Meteoriti naturali, parti di vecchi razzi, ma nessuno se ne preoccupa".
Avere figli dovrebbe essere considerato quasi un obbligo sociale".

Tutta la gente del pianeta potrebbe stare su un piano a New York. Gli altri piani non sono necessari". Secondo Musk, siamo così poco distribuiti nel mondo che siamo a malapena visibili dallo spazio. Dobbiamo stare attenti al collasso della popolazione'. Un basso tasso di natalità è un grande pericolo'. Egli avverte che come risultato, la nostra cultura potrebbe perire. Sarebbe una conclusione deprimente. L'età media sarebbe estremamente alta, e i giovani sarebbero costretti a prendersi cura degli anziani come schiavi.

Credo che, in una certa misura, la gente debba cominciare a considerare l'avere figli come un obbligo civico... Altrimenti, l'umanità perirà. Letteralmente. La ricchezza, l'educazione e la religione sono tutte inversamente collegate al tasso di natalità. Più una persona è devota, più figli ha". Sarà "come se qualcuno uccidesse metà della (futura) popolazione" in pochi decenni. Bisogna invertire qualcosa".

"Al più presto possibile, dobbiamo abbandonare i combustibili fossili".

Musk è, naturalmente, totalmente impegnato nella missione di "sostenibilità" verde come creatore e produttore di auto elettriche. È ottimista a questo proposito, poiché ritiene che anche la Cina sia all'avanguardia in questo settore, avendo già prodotto la metà dei veicoli elettrici del mondo. Crede che il mondo dovrebbe abbandonare i combustibili fossili il più presto possibile e orientarsi verso l'energia solare, eolica e idrica "sostenibile", così come l'energia nucleare in alcune situazioni.

Il frontman di Tesla dice che il petrolio, il gas e il carbone si stanno esaurendo velocemente, ma dimentica che questo è stato gridato per quasi 50 anni, e nuove riserve vengono costantemente scoperte che possono fornire all'umanità energia a basso costo per almeno un altro secolo, e probabilmente anche molti secoli.

Perché ci sono le tasse sul CO2?

Sostiene anche che la società non sta pagando l'intero prezzo dei combustibili fossili e delle emissioni di CO_2. Di conseguenza, sostiene la necessità di pesanti tasse globali sul CO_2.

Anche qui dimentica qualcosa di importante, cioè che su una scala temporale geologica c'è ancora pochissima CO_2 nell'atmosfera (circa 450 ppm), e questo nonostante tutte le emissioni umane di CO_2 (che è solo una percentuale di molto dietro la virgola). Inoltre, tutte le prove geologiche mostrano che i livelli di CO_2 aumentano solo dopo l'aumento delle temperature, e non il contrario, come è stato sostenuto per tanto tempo. Questa menzogna viene mantenuta per convincere la popolazione ad accettare tasse sempre più alte e a tagliare il loro approvvigionamento energetico a basso costo.

Anche se i bisogni energetici dell'umanità smettessero di aumentare, il nostro pianeta non ha abbastanza superficie per costruire abbastanza mulini a vento e parchi solari. Per non parlare del gigantesco carico di acciaio e metalli rari che sarebbe necessario, oltre al fatto che soprattutto i mulini a vento hanno una durata di vita estremamente breve (massimo 20 anni, la pratica dimostra che i primi mulini si guastano dopo pochi anni. Ripulire i mulini a vento rotti è anche un affare molto costoso).

RNA e DNA sintetici sono usati per programmare le persone.

Musk è anche un forte sostenitore dell'RNA e del DNA programmabili (sintetici), che le vaccinazioni Covid-19 hanno già iniettato in una parte enorme della popolazione mondiale. 'Questo mi ricorda un programma per computer'. Se vuoi, puoi probabilmente fermare e invertire il processo di invecchiamento con esso'.

Abbiamo dimostrato che i veri obiettivi della creazione di esseri umani "programmabili" sono molto più sinistri, e sembrano essere principalmente finalizzati al controllo totalitario della popolazione e del comportamento, e alla riduzione massiccia della popolazione.

Tuttavia, è bello sentire per una volta un noto alto dirigente che ha una visione positiva dell'umanità, cosa che non si può certo dire della setta globalista clima-vaccino guidata da Klaus Schwab e Bill Gates.

I nostri altri libri

Dai un'occhiata ai nostri altri libri per altre notizie non riportate, fatti esposti e verità sfatate, e altro ancora.

Unisciti all'esclusivo Rebel Press Media Circle!

Riceverai nella tua casella di posta elettronica ogni venerdì un nuovo aggiornamento sulla realtà non raccontata.

Iscriviti qui oggi:

https://campsite.bio/rebelpressmedia

www.ingramcontent.com/pod-product-compliance
Lightning Source LLC
Chambersburg PA
CBHW070614170726
48004CB00018B/1352